현업 변리사가 알려주는

지식재산권
스쿨

현업 변리사가 알려주는
지식재산권 스쿨

초판 1쇄 발행 2023년 2월 28일

지은이 엄정한, 구민식

기획 · 편집 도은주, 류정화
마케팅 박관홍

펴낸이 윤주용
펴낸곳 초록비책공방

출판등록 2013년 4월 25일 제2013-000130
주소 서울시 마포구 월드컵북로 402 KGIT 센터 921A호
전화 0505-566-5522 팩스 02-6008-1777

메일 greenrainbooks@naver.com
인스타 @greenrainbooks
블로그 http://blog.naver.com/greenrainbooks
페이스북 http://www.facebook.com/greenrainbook

ISBN 979-11-91266-72-6 (03320)

어려운 것은 쉽게 쉬운 것은 깊게 깊은 것은 유쾌하게

초록비책공방은 여러분의 소중한 의견을 기다리고 있습니다.
원고 투고, 오탈자 제보, 제휴 제안은 greenrainbooks@naver.com으로 보내주세요.

쉽게 배워 바로 쓰는
특허, 상표, 디자인, 저작권 전략

현업 변리사가 알려주는

지식재산권 스쿨

엄정한, 구민식 지음

특허 · 상표
디자인 · 저작권
완전 정복

강소기업에서 스타트업, 1인 기업까지
필요한 만큼 쏙쏙 뽑아 쓰는 실무형 가이드북

초록비책공방

지식재산권,
필요한 만큼만 쉽게 이해하자

 이 책을 펼친 당신은 사업을 꿈꾸거나 본격적으로 사업을 진행하는 과정에서 지식재산권을 만난 사람일 것이다. 당신이 지식재산권을 만난 이유는 '사업'과 '지식재산권'이 보이지 않는 끈으로 연결된 것처럼 서로 밀접한 관계이기 때문이다. 사업가에게 지식재산권은 아군이면 세상 든든하고 적군이면 무엇보다 위협적인 존재이다.

 지식재산권을 아군으로 얻기 위해서는 그에 대한 이해가 필요하다. 하지만 변리사와 같은 전문가가 아니라면 지식재산권이 어렵게 느껴지는 것은 당연하다. 지식재산은 무형자산intangible assets의 일종으로 물리적 실체가 없고, 그에 대한 권리를 법으로 규정한 것이 지식재산권이기 때문이다. 이러한 점은 지식재산권 학습을 재미없게 만드는 요인이기도 하다.

 현업에서 변리사로 일하며 다양한 기업의 대표들을 만나면서 느낀 점은 과거에 비해 지식재산권에 대한 관심과 지식 수준이 상당히 높아졌다는 것이다. 하지만, 여전히 잘못되거나 부족한 지식으로 인해 발생하는 안타까운 사례들도 많다. 즉 지식재산권 경영의 필요성에 대한 공감도는 높아졌지만, 지식재산권 학습은 여전히 어렵고 언젠가 해결해야 할 숙제로 남아있는 듯하다. 영어 공부가 그런 것처럼 말이다.

그렇다면 지식재산권은 어떻게 학습해야 할까? 무언가를 공부하려고 마음먹었을 때 정석에 집착하는 성향이 강한 사람은 예컨대 '특허법'을 공부하겠다고 마음먹으면 현 시점에서 가장 대표적인 특허법 기본서와 법조문을 펼치고 '특허법 제1조'부터 학습을 시작할 것이다. 하지만 여러분은 그럴 필요가 없다. 특허법 전문가가 되려는 것이 아니기 때문이다. 단지 사업적 판단에 필요한 내용만, 필요한 수준으로 이해하면 된다. 그보다 깊은 내용과 절차는 전문가에게 맡기고 각자의 강점에 시간과 에너지를 쏟는 것이 바람직하다.

따라서 이 책은 두 가지에 집중했다.

첫째, 필요한 부분만 찾아볼 수 있도록 편집하였다.

사업의 단계 및 상황에 따라 필요한 지식재산권의 내용은 달라진다. 예컨대 신생기업으로서 지식재산권 확보 전략을 수립해야 하는 기업과 보유하고 있는 지식재산권의 활용 전략을 수립해야 하는 기업 각각이 필요로 하는 지식은 동일하지 않다. 이번 개정판은 맞춤형 정보를 제공하기 위해 '지식재산권의 확보(1~13강)' 측면과 '지식재산권의 활용(14~19강)' 측면으로 구분하여 목차를 재구성했다. 또한 사업의 유형에 따라 필요한 권리에 관한 내용만 찾아볼 수 있도록 '특허권/실용신안권, 상표권, 디자인권 및 저작권'을 순서대로 소개하였다.

　둘째, 필요한 내용만 담기 위해 '선택과 집중'에 노력을 기울였다. 사업가는 지식재산권 전문가까지 될 필요가 없다. 지식재산권에 대한 모든 것을 이해하고 관련 업무를 본인이 직접 처리하는 것은 현실적으로 어렵고 너무 많은 시간과 에너지가 필요한 일이다. 따라서 사업가는 사업에 필요한 범위 및 수준 정도만 지식재산권을 이해하고, 우선적으로는 적시에 전문가와 협업할 수 있는 능력을 키워야 한다. 이런 이유로 이책은 지식재산권에 대한 일반론 또는 이론에 치우친 내용은 최대한 배제하고, 사업적으로 반드시 알아야 할 내용만 담고자 하였다.

　이 책이 (예비) 사업가에게 지식재산권에 대하여 꼭 필요한 만큼의 족집게 공부를 할 수 있게 해주기를 바란다. 지식재산권은 적절한 범위 및 수준까지만 빠르고 쉽게 이해하고, 아낀 시간과 에너지는 당신의 사업적 기량과 창의력에 활용하시라.

차 례

1강

특허는
정말 모든 사업에
필요할까?

결론부터 말하자면 모든 사업에 특허가 필요한 것은 아니다. 운전자 보험에 가입하지 않아도 운전을 할 수 있는 것처럼 특허가 없어도 사업을 할 수 있다. 많은 변리사들이 사업을 진행함에 있어 '특허는 필수'라고 말하지만 정확한 이야기는 아닌 셈이다.

〈배달의 민족〉과 같은 어플리케이션은 '서비스 공급자'와 '서비스 수요자'를 연결해주는 서비스 플랫폼이다. 이러한 비즈니스 모델에 특허는 과연 필수로 획득해야 하는 것일까?

서비스 플랫폼은 기술이 중심이라기보다 서비스 공급자와 수요자를 얼마나 빨리 효과적으로 연결해주는지의 여부에 사업의 성패가 달려있다. 그러므로 특허 확보가 필수라고 할 수는 없을 것이다. 〈배달의 민족〉은 특허보다는 오히려 '배달의 만족'이나 '배달의 형제'와 같은 유사 앱이 등장하는 것을 막아주는 상표권이 더 중요해 보인다.

특허라는 것은 본질적으로 기존의 문제를 해결하는 '기술적 사상', 즉 '새로운 발명'을 보호하는 것이다. 때문에 기술 기반이 아닌 마케팅과 유통이 중심인 사업에서는 특허가 절대적인 중요성을 갖지 않는다. 그러므로 사업을 하는 당신이 최우선적으로 필요한 것은 특허 확보가 아니다. 먼저 '나의 사업은 어떤 특징을 갖고 있으며 이 사업에 필요한 지식재산권의 종류는 무엇인가?'를 고민해봐야 한다.

지식재산권Intellectual Property, IP은 당신의 사업이 '잘 되었을 때' 경쟁자들의 시장진입을 막기 위한 유일무이한 장치이다. 지식재산권은 지금 당장은 문제가 없지만 앞으로 발생할지도 모를 일에 대비해서 미리 확보해두는 권리라는 점에서 '보험'과 비슷한 성격을 띤다. 고민 끝에 만들어진 당신의 발명(기술적 특징)과 네이밍(브랜드)은 자동차나 부동산처럼 '눈에 보이는 것'이 아니기 때문에 옆에 있는 사람이 바로 복제할 수 있을 정도로 연약하다. 쉽게 카피될 수 없도록 사회적 보호장치를 만들 필요가 있다.

사람들은 본능적으로 '신기한 발명'을 좋아하며 '멋진 브랜드'를 추종한다. 신기한 발명품을 통해 풀리지 않던 문제를 해결하고 싶어 하고 해당 산업 분야에서 많은 돈을 벌고 싶어 한다. 유명 브랜드의 상품을 소유함으로써 자신의 품격이 높아진다고 생각하는 경우도 많다. 이와 같은 여러 이유로 경쟁업체들은 누군가가 만들어놓은 발명이나 브랜드, 디자인을 모방하고자 하는 욕망을 쉽게 털어내지 못하며 유명한 제품이나 브랜드일수록 이를 모방한 카피 제품들이 더 많이 나타나는 것이다.

경쟁사들의 카피 제품이 많아진다는 것은 곧 시장이 커지는 것을 의미한다. 그리고 이때 제대로 확보해놓은 특허권이나 상표권 같은 지식재산권이 있다면, 이들의 시장진입을 막거나 일종의 '보험금'인 손해배상금을 청구하는 위력을 발휘할 수 있다.

하지만 보험도 종류가 다양하며 보험의 종류별로 속성 및 적용 범위가 다르므로 자신에게 맞는 보험이 무엇인지 정확히 판단할 필요가 있다. 또한 지식재산권도 종류별로 목적 및 보호 범위가 다르므로 어떤 지식재산권이 당신의 사업을 효과적으로 보호할 수 있을지 고민해볼 필요가 있다.

만능 지식재산권은 존재할까?

지식재산권의 종류는 특허권, 실용신안권, 상표권, 디자인권, 저작권 외에도 여러 가지이다. 이런 다양한 지식재산권을 보다 보면 그중 가장 뛰어난 지식재산권, 즉 내 사업을 완벽히 보호해줄 수 있는 '만능 지식재산권'을 골라서 확보하고 싶다는 생각이 들 것이다. 하지만 안타깝게도 당신 사업의 다각적인 측면을 한 번에 보호할 수 있는 '만능 지식재산권'은 존재하지 않는다.

각각의 권리들은 서로 다른 법으로 규정되고, 서로 다른 측면에서 사업을 보호해준다. 예컨대 당신의 기술을 카피한 사람에게는 특허권과 실용신안권이 위력을 발휘할 것이고, 당신의 브랜드를 카피한 사람에게는 상표권이 응징해줄 것이다. 디자인과 창작물을 카피한 사람에게는 디자인권과 저작권이 법적 대응을 해줄 것이다.

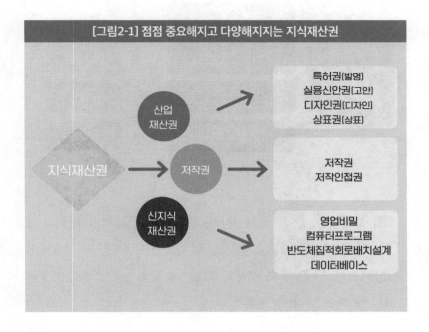

[그림2-1] 점점 중요해지고 다양해지는 지식재산권

애플 사의 〈아이폰iPhone〉을 떠올려보자. 〈아이폰〉은 제품에 적용된 기술의 우수성뿐만 아니라 제품의 디자인과 브랜드 감성으로 대중에게 사랑받는 제품이다. 〈아이폰〉은 어떤 지식재산권으로 보호하는 것이 가장 효과적일까? 과연 특허권만으로 완벽히 보호할 수 있을까?

〈아이폰〉과 같은 스마트폰 제품은 수많은 하드웨어 및 소프트웨어

[그림1-2] 아이폰의 지식재산권 확보 포인트

하드웨어 [반도체, 디스플레이, 카메라...]	→ 특허권(발명)
소프트웨어 (운영체제 - iOS)	→ 특허권, 저작권
제조 방법 (공정기술)	→ 특허권
디자인 [외형 디자인, 화상 디자인...]	→ 디자인권
브랜드 [네이밍, 로고]	→ 상표권
저작물 [음악, 효과음]	→ 저작권

구성을 포함한다. 스마트폰에 탑재된 반도체, 디스플레이, 카메라 등의 하드웨어 관련 기술과 그 제조공정 기술은 특허권으로 보호받을수 있다. 또한 스마트폰에 적용된 운영체제 등의 소프트웨어 기술은특허권 및 저작권으로 보호받을 수 있다.

하지만 특허권만으로 〈아이폰〉에 담긴 감성을 보호하기에는 부족하다. 예컨대 〈아이폰〉의 디자인과 브랜드 가치 등은 특허권으로 보호할 수 없다. 제품의 외형 디자인이나 화상 디자인은 디자인권으로보호해야 할 것이다. 또한 제품의 이름, 로고 등을 통해 전달되는 브랜드 가치는 상표권으로 보호해야 할 것이다. 더 나아가 제품에 적용된 효과음, 음악 등의 저작물은 저작권으로 보호해야 할 것이다.

[그림1-3] 롯데제과㈜ ⟨I.D⟩ 관련 지식재산권

권리구분	특허	실용신안	디자인	상표
출원번호	10-2009-0049673	20-2010-0010920	30-2010-0024642	40-2009-0024977

※ 이미지 출처: 키프리스(www.kipris.or.kr)

[그림 1-3]은 롯데제과㈜ 사의 ⟨I.D⟩ 껌 제품에 대하여 출원한 다양한 지식재산권을 나타낸다. ⟨I.D⟩ 껌은 케이스의 독특한 디자인 및 마케팅 전략으로 알려진 제품이다. ⟨I.D⟩ 껌의 포장 케이스에 적용된 기술은 특허권 및 실용신안권으로 보호받을 수 있다. 반면 ⟨I.D⟩ 껌 포장 케이스의 외형 디자인과 네이밍 및 로고는 디자인권 및 상표권으로 보호받을 수 있다.

이처럼 제품을 보호하기 위한 지식재산권은 제품과 일대일 매칭되는 것이 아니다. 제품이 포함하는 다양한 가치를 고려하여 입체적으로 접근할 필요가 있다. 특허권이 언제나 당신의 사업을 보호할 수 있는 유일무이한 '만능 지식재산권'이 아님을 명심하자.

특허권 취득이 유리한 사업 모델은?

그럼에도 여전히 특허권은 사업의 기술적 측면을 보호할 수 있는 유일무이한 보험적 성격을 띤다. 다만 사업 보호가 언제나 기술 보호로 직결되는 것은 아니다. 사업 모델에 따라 특허권 취득의 중요도는 달라진다. 지식재산권 확보가 사업 성패에 주는 영향이 큰 스타트업 창업을 중심으로 사업 모델별 특허권 취득의 중요성을 살펴보자.

스타트업은 규모나 업력 측면에서 경쟁사 대비 취약한 경우가 대부분이다. 따라서 경쟁에서 살아남으려면 지식재산권을 기반으로 경쟁 우위 요소, 즉 경제적 해자Economic Moats를 확보하는 것이 굉장히 중요하다.

빠른 성장을 지향하는 스타트업 창업은 크게 문화창업, 서비스창업, 기술창업으로 나눌 수 있다. 이 책은 사업을 하는 당신에게 필요한 '지식재산권 가이드북'인 만큼 스타트업 비즈니스 모델인 위 세 영역에 있어 특허권을 취득하는 것이 유리한지 불리한지를 살펴보도록 하자. 그런 다음 당신의 사업 모델에 맞는 '특허 전략'을 세워나가면 된다.

문화창업

〈뽀로로〉, 〈상어 가족〉, 〈BTS〉, 〈싸이〉, 〈라바〉, 〈터닝메카드〉, 〈또봇〉, 〈카봇〉, 〈걸그룹〉 등은 대표적인 문화창업(콘텐츠 비즈니스)이다. 우리나라나 일본, 미국이 잘하는 분야이다. '저작권/상표권/디자인권'이 굉장히 중요한 비즈니스이다. 특히 저작권이 중심인 사업 모델은 국제적인 비즈니스가 가능하기 때문에 대중적으로 인기를 얻으면 상대적으로 수출을 수월하게 할 수 있다. 유튜브나 유쿠(중국 동영상 공유 사이트)로 큰 자본 없이 쉽고 빠르게 사업을 전개할 수 있는 것이다. 하지만 문화창업 모델은 한 번 성공했다고 해서 그 다음에 또 성공하리라는 보장이 없다. '성공의 공식'이 없는 사업 영역이다.

문화창업의 핵심은 '콘텐츠 생산'이다. 문제는 생산한 콘텐츠가 대중에게 사랑을 받아야 비로소 '성공'이라는 말을 들을 수 있다는 것이다. 하지만 대중의 취향을 공략하는 것은 쉬운 일이 아니다. 이런 이유로 문화창업의 경우 특허가 필요할 수는 있지만 절대적으로 필요하다고는 할 수 없다. 콘텐츠 그 자체를 특허로 보호받을 수는 없기 때문이다(물론 [그림 1-4] 윤남 작가의 '도자기 제조방법'에 관한 특허처럼 불가능한 것은 아니다). 그렇다면 문화창업을 보호하는 지식재산권은 없을까? 뒤에서 다시 언급하겠지만 문화창업에서 가장 중요한 것은 '저작권과 디자인권'이다. 문화창업 분야에서 ICT 기술을 이용하는 경우를 제외하고는 특허보다는 저작권과 디자인권에 신경을 써야 한다.

서비스창업

서비스창업은 '기존 서비스를 빠른 속도로 대체'하는 것이 본질이다. 〈직방〉, 〈다방〉 등의 서비스가 기존 부동산 시장을 대체했고, 〈다나와〉 서비스가 기존 용산 시장을 대체했고, 〈배달의 민족〉이 기존 전단지 시장을 대체했다. 미국 커머스 포털 〈아마존〉은 백화점 같은 기

[그림1-4] 특허를 받는 데 성공한 '콘텐츠'에 관한 특허

(19) 대한민국특허청(KR) (12) 등록특허공보	**(45) 공고일자 2014년 04월 30일** **(11) 등록번호 10-1390596** **(24) 2014년 04월 23일**

(51) 국제특허분류(int. C1.) 　**C04B 33/24** (2006. 01) **C04B 33/34** (2006. 　01) 　**C04B 41/86** (2006. 01)	(73) 특허권자 　**윤남** 　서울특별시 ○○구 ○○○로, ○○○동 ○ 　○○
(21) 출원번호　　**10-2013-0085937**	(72) 발명자
(22) 출원일자　　**2013년 07월 22일** 　심사청구일자　**2013년 07월 22일**	**윤남** 　서울특별시 ○○구 ○○○로, ○○○동, ○
(56) 선행기술조사문헌	○○
KR1020050011332 A*	(74) 대리인
KR2020110011741 U*	**유철현**
KR100822883 B1	
KR2019980055901 U	
*는 심사관에 의하여 인용된 문헌	

전체 청구항 수 : 총 9 항

심사관 : ○○○

(54) 발명의 명칭 **도자기 용기 및 그 제조방법**

(57) 요약

본 발명은 도자기 용기 및 그 제조방법에 관한 것이다. 본 발명에 따른 도자기 용기 제조방법은, 방울제를 마련하는 단계와; 음용물이 수용되는 용기 본체를 성형하는 단계; 상기 용기 본체와 상기 받침대를 건조하는 단계; 상기 용기 본체와 받침대를 초벌 소성하는 단계; 상기 용기 본체를 덤벙시유하고, 상기 받침대의 방울체 수용부를 제외한 받침대의 나머지 영역을 시유하는 단계; 상기 받침대의 방울체 수용부에 방울체를 수용하는 단계; 상기 방울체 수용부를 밀폐하며, 상기 용기 본체와 상기 받침대를 결합하는 단계; 및 상기용기 본체와 상기 받침대를 재벌 소성하는 단계를 포함한다.

존 유통 플랫폼을 대체했다. 택시, 대리, 주차 등을 위해 스마트폰을 꺼내 들고 〈카카오T〉 어플리케이션을 실행하는 모습이 우리에게 일상이 됐고, 〈킥고잉〉, 〈라임〉 등의 킥보드 대여 서비스는 우리의 이동수단을 보다 다채롭게 해주었다. 온라인 기술과 오프라인 매장을 연결한 O2O 비즈니스는 본질적으로 '서비스창업'이라고 할 수 있다.

서비스창업 모델은 기존 서비스를 완전히 대체하지 않으면 성공하기 쉽지 않다. 특히 우리나라처럼 시장 규모가 작은 나라에서 서비스 중심의 사업이 성공하려면 기존 시장을 빠르게 대체해나가야 한다. 서비스창업은 기술보다는 소비자의 욕구를 정확히 파악하고, 기존 서비스의 문제점을 끝까지 물고 늘어져야 하며, 엄청나게 부지런해야 한다. 마지막으로 본질적으로 낮은 마진을 타개할 부가적인 수익모델을 가지고 있어야 한다.

이와 같은 특징으로 볼 때 서비스창업의 핵심은 '비즈니스 전개 속도'이지 '기술적 우위'가 아니다. 바꿔 말하면 특허 몇 개를 잘 등록받았다고 해서 사업이 잘 될 수 있는 성질의 비즈니스가 아닌 것이다. 유명한 서비스창업 사례 중 하나인 〈쏘카〉의 주식회사 쏘카가 출원한 특허가 얼마나 될 것 같은가? 특허정보검색서비스에서 검색한 결과에 따르면 세 건에 불과하다(2022년 기준 등록 1건, 취하 2건). 그러므로 서비스창업을 준비 중인 예비 창업자들은 특허보다는 '에너지 넘치는 팀원' 섭외와 '마케팅'에 더 힘쓰는 것이 바람직할 수도 있다.

물론 서비스창업의 경우에도 '비즈니스 모델 특허(BM 특허)'에는 신경을 써야 한다. 가령 금전거래에 관한 획기적인 서비스 모델을 개발했거나 정보통신기술을 이용하여 새로운 비즈니스 시스템을 만드는 데 성공했다면 특허로 비즈니스 모델을 보호받는 것이 가능하다. 영업 방법 등 사업 아이디어를 컴퓨터, 인터넷 등의 정보통신기술을 이용하여 구현한 새로운 비즈니스 시스템 또는 방법이라면 비즈니스 모델 특허 대상이 된다.

비즈니스 모델이 특허 명세서에 담겨 특허 심사를 거쳐 등록이 되면 비즈니스 모델 특허, 즉 'BM 특허'가 된다. BM 특허라는 출원 서류가 따로 있는 것이 아니고, 일반적인 특허 출원과 동일한 출원 서류 및 출원 절차를 밟으면 되는데, 이때 유의할 점은 기존에 없던 새로운 영업 방법 자체만으로는 특허로 등록될 수 없고, 컴퓨터(모바일)상에서 소프트웨어(또는 인터넷)에 의한 정보처리가 하드웨어를 이용하여 구체적으로 실현되어야 한다는 것이다. 따라서 BM 특허를 받으려면 새로운 영업 방법(서비스)이 인터넷, 컴퓨터, 정보통신기술 등을 이용하여 구체적으로 구현될 수 있도록 시스템이나 방법을 구체적으로 제시해야 할 것이다.

비즈니스 모델에 관한 독점권인 비즈니스 모델 특허(이하 BM 특허)는 다른 특허에 비해 등록률이 떨어진다. 하지만 일단 등록되고 관련 시장이 커지면 엄청난 가치를 지닌다. 그래서 특허청에서는 BM 특허를 신중하게 부여하고 있다.

BM 특허는 프라이스라인 사가 미국에서 '호텔 역경매 비즈니스 모델'을 받음으로써 굉장한 주목을 받기 시작했는데, 숙박료를 호텔에서 제시하는 것이 아니라 특정한 호텔에 숙박하기를 희망하는 여

[그림1-5] 비즈니스 모델 특허들

등록 [1] 발신자 인증 및 피싱 방지 시스템 및 방법(System and method for caller certification and phishing prevention)

IPC : H04M 3/42 H04W 12/06
출원번호 : 1020160033317
등록번호 : 1016800970000
공개번호 :
대리인 : 유철현

출원인 : 주식회사 에바인
출원일자 : 2016.03.21
등록일자 : 2016.11.22
공개일자 :
발명자 : 윤영중, 이진평, 이일, 김지민

등록 [2] 유무선 통신 시스템에서 발신자 정보에 대한 표시율을 향상시키는 방법 및 그 시스템(Method and system for enhancementing display ratio of caller information in wire and wireless communication system)

IPC : H04M 3/42 H04L 12/58
출원번호 : 1020150039895
등록번호 : 1015619420000
공개번호 :
대리인 : 유철현

출원인 : 주식회사 에바인
출원일자 : 2015.03.23
등록일자 : 2015.10.14
공개일자 :
발명자 : 김지민, 윤영중, 한선우

등록 [3] 서버를 이용한 발신자 인증방법(Method of authenticating the sender using the server)

IPC : H04M 12/06 H04W 4/16
출원번호 : 1020140090839
등록번호 : 1015428290000
공개번호 :
대리인 : 유철현

출원인 : 주식회사 에바인
출원일자 : 2014.07.18
등록일자 : 2015.08.03
공개일자 :
발명자 : 윤영중, 한선우

등록 [4] 발신자 정보 제공 및 수신자 통화유도방법(Method of providing caller information and inducing answering the phone)

IPC : H04M 4/16 H04W 4/24
출원번호 : 1020140082724
등록번호 : 1014711210000
공개번호 :
대리인 : 유철현

출원인 : 주식회사 에바인
출원일자 : 2014.07.02
등록일자 : 2014.12.03
공개일자 :
발명자 : 윤영중, 한선우, 박성혁

행객이 해당 호텔의 숙박료를 제시하면, 그 비용에 대한 서비스를 호텔이나 여행사 측에서 역제안하는 방식이었다. 그리고 이 모든 과정이 '온라인 시스템을 이용'하여 계약이 체결되었는데, 여기서 중요한 점은 비즈니스 모델 자체도 새로워야 하지만 그것을 구현하는 시스템도 새로워야 등록 가능성이 높다는 것이다. BM 특허는 분명 등록받기 쉽지 않다. 하지만 사업적으로는 큰 의미가 있다.

기술창업

기술 기반의 창업은 '혁신'에 관한 비즈니스라고 할 수 있다. 더 싸게 만들 수 있거나 더 비싸도 팔릴 수 있는 기술을 만들어내는 것이 기술창업이다.

샤오미는 '더 싸게 만드는 기술'을 가지고 있다. '미펀(샤오미의 열렬한 추종자들을 일컫는 말)'이니 MIUI(안드로이드 기반 샤오미 자체 인터페이스)니 하는 말들이 나오고 있어 서비스창업 기업처럼 보이지만, 샤오미는 분명 더 싸게 만드는 노하우(코어)를 가지고 있는 기술창업 스타트업이다. 다만 마케팅을 다른 스타트업보다 아주 잘할 뿐이다.

애플은 '더 비싸도 팔리는 기술'을 가지고 있다. 이는 더 말하면 입이 아플 정도로 다들 알고 있는 사실이다. 유니크함, 그것이 애플의 코어이자 '가치'를 높이는 노하우이다.

'더 싸게 만들거나' 혹은 '더 비싸도 팔리는' 기술을 제시할 수 없다면 그것은 기술 기반의 비즈니스가 아니다. 기존 30만 원짜리 블랙박스가 있는데, 25만 원에 만들 수 있다고 가정해보자. 이것은 기술

중심의 비즈니스일까?

시장에 제시하는 의미가 크지 않기 때문에 제품이 나오더라도 아마 반응이 별로일 것이다. 다시 말해 5만 원의 가격 차이로 대변되는 해당 기술은 기업의 고속 성장을 이끌어낼 수 있는 것이 아니어서 기술 기반 비즈니스라고 하기는 어렵다.

기술창업이 되려면 적어도 30만 원짜리 블랙박스를 5만 원에 만들 수 있는 기술을 보유하거나 30만 원짜리 블랙박스를 50만 원으로 높여도 고객이 '살 수밖에 없는 매력'을 제공해야 한다. 이러한 기술력을 경쟁사와 차별화되는 '기술적 특징'이라고 한다. 그리고 이 경우의 특허 제도는 당신이 가지고 있는 '기술적 특징'을 보호하기 위한 강력한 제도가 될 것이다.

2강부터는 각각의 지식재산권에 대한 상세한 내용을 이야기하고자 한다. '지식재산권의 확보' 측면에서 특허권, 실용신안권, 상표권, 디자인권 및 저작권을 순서대로 이야기하고, '지식재산권의 활용' 측면에서 사례 중심으로 소개할 것이다.

2강

유일무이한
사업보험,
특허와 실용신안

　특허의 역사는 언제부터 시작되었을까? 보이지 않는 재산, 즉 지식 재산을 보호하고자 하는 니즈는 먼 과거부터 존재했다. 특허의 역사와 관련해서는 여러 가설이 있지만, 근대적인 최초의 특허법은 1474년 베니스에서 제정되었다(여러분이 생각한 것보다 오래되지 않았는가?). 그 후 영국(1624년), 미국(1790년), 프랑스(1791년), 독일(1877년), 일본(1885년) 등이 차례로 특허법을 제정했고, 한국 특허법은 1946년에 제정되었다.

　이처럼 긴 역사 속에서 특허를 잘 활용한 대표적인 인물로 에디슨Thomas Alva Edison을 거론하지 않을 수 없다. 우리에게 '발명왕'으로 친숙한 에디슨은 뛰어난 사업가이기도 하다. 에디슨은 발명하는 것뿐만 아니라 발명품을 보호하고 사업적으로 활용하는 것의 중요성을 잘 알고 있었다. 천재적인 발명가도 돈이 없으면 발명을 계속할 수 없다. 그렇다고 발명 활동 외에 돈을 벌기 위한 수익 활동이 많아지면 발명에 집중할 시간이 부족하다. 그러므로 가장 효율적인 방법은 발명 활동을 수익 활동으로 연결하는 것이고, 이를 가능하게 하는 것이 바로 '특허'이다.

에디슨은 총 2,332건의 특허 출원을 하고 그중 1,093개의 특허 등록을 받았다. 이는 매주 2건씩 출원해도 20년이 넘게 걸릴 정도의 방대한 양이다. 즉 에디슨은 특허를 기반으로 그의 발명들을 재산화 및 실용화한 것이다. 결과적으로 에디슨은 돈 걱정 없이 연구를 계속할 수 있었고, 그의 발명품들은 더 빨리 우리의 삶을 변화시킬 수 있었다.

특허를 출원해야 하는 7가지 이유

지금부터 이야기할 내용은 대한민국에서 스타트업 창업자들과 기술기업 구성원들이 특허를 출원해야 하는 이유에 관한 것이다. 일곱 가지로 정리해보았다.

하나, 특허 침해로부터 사업을 보호할 수 있다

페이팔PayPal을 성공시키고 계속해서 또 다른 창업을 성공시켜 많은 존경을 받고 있는 피터 틸Peter Andeas Thiel의 베스트셀러 《제로투원》에 따르면 "초기 기업은 무조건 독점판매를 통해 수익을 창출할 수 있어야 한다."고 말한다. 물론 초기 기업이 독점판매를 할 수 있는 영역은 매우 한정되어있거나 아직 시장이 열리지 않은 아이템일 것이다. 그런데 이 시장에 대기업을 포함한 경쟁사들이 '나도 좀 먹자'라는 심보로 침입한다면? 이걸 막을 방법은 현재로서는 특허권뿐이다.

둘, 특허 공격으로부터 협상할 수 있다

대기업을 포함한 경쟁사들이 '당신의 사업이 기존 특허를 침해했다'며 공격해 들어오면, 당신은 상대방의 특허를 무력화시키기 위해 막대한 비용과 긴 시간을 들여 법정 싸움을 해야 할 것이다. 하지만 만약 당신이 특허를 출원해두었고, 그 특허가 상대를 역공할 수 있다면 초기에 협상으로 합의를 이끌 수 있다.

삼성도 사업 초기에는 텍사스 인스트루먼트 사라는 선발 반도체 기업으로부터 DRAM 관련한 특허 침해 소송을 제기 받아 어마어마한 금액의 로열티를 지불한 바 있다(1986). 도시바 역시 마찬가지였는데 그나마 도시바는 자체 특허 보유량이 많았기 때문에 텍사스 인스트루먼트 사와 협상을 잘 마무리하여 포괄적 특허 계약을 체결했다(1990). 도시바의 특허 협상 전략을 배운 삼성은 이후 반도체와 통신 분야의 특허를 상당히 많이 출원하였고 이제는 세계 1위의 특허 경쟁력을 보유한 회사가 되었다.

셋, 창업자의 특허를 자본금으로 현물출자할 수 있다

투자유치를 위해 또는 부채비율을 낮추기 위해 자본금을 늘려야 하는 경우 당신이 보유한 특허를 자본금으로 출자할 수 있다. 이것은 개인사업자로 시작한 창업자가 주식회사로 전환하기 전에 본인 명의로 특허를 출원해야 하는 이유이기도 하다. 다만 특허를 현물로서의 자본금으로 인정받으려면 주식회사 전환 후 반드시 벤처기업 확인을 받아야 하며 지정된 기관으로부터 기술가치평가를 받아야 한다. 자세한 사항은 '18강'에서 살펴보도록 하겠다.

넷, 자금지원이나 융자 등 정책 혜택을 받을 수 있다

정책자금 지원, 기술금융 융자, 국책 연구과제 수주 등 기업이 정책 혜택을 받으려면 가점 확보가 반드시 필요하다. 그리고 선정 기업 평가표에는 기술에 대한 평가항목 중 특허 유무가 필수 체크요소로 기재되어있다. 이뿐만이 아니다. 직원들로 하여금 발명을 수시로 할 수 있게 장려하는 제도인 '직무발명보상제'를 도입하고 '직무발명보상 우수기업'으로 인증을 받으면 정부과제 등에서 매우 유리하다.

또한 정부 산하기관 프로젝트와 관련해서 당신의 회사가 보유한 특허가 해당 프로젝트의 내용과 동일한 경우 경쟁 입찰을 거치지 않고 수의계약을 할 수 있는 사유가 되기도 한다.

다섯, 스타트업 팀 빌딩 시 설득 자료가 될 수 있다

당신의 스타트업에 참여할지 여부를 망설이는 예비 팀원에게 당신의 특허권 혹은 특허 출원 자료를 보여주면 상당한 효과가 있다. 특허 문서에는 당신이 하고자 하는 사업 내용이 명확히 정의되어있을 것이며, 특허권에 기반을 둔 사업 제안을 통해 당신과 당신의 아이템에 대한 신뢰도 또한 높아질 것이다.

　게다가 회사의 지분을 나누어주는 것은 쉽지 않지만 특허의 지분을 나누어주는 것은 어렵지 않은 일이다. 그러므로 팀을 만드는 과정에서 새로운 아이디어가 나오면 반드시 그 팀원의 이름을 발명자에 넣고 추후 매출 발생 시 발명에 대한 보상을 해주겠노라 약속하는 것을 고려해보기 바란다.

여섯, 안정적인 대외 홍보 및 투자유치 활동을 할 수 있다

　만일 창업자나 팀원이 특허 출원 전에 기업 홍보를 목적으로 학회, 세미나, 블로그, 유튜브 등에 보유 기술을 발표하면 신규성을 잃게 되어 우수 기술임에도 특허 등록이 불가능한 상황에 놓이게 된다. 또한 일부 투자자 중에는 투자 목적이 아니라 스타트업의 아이템을 빼내어 자기가 투자한 기존 팀에게 아이디어를 제공할 목적으로 접근하는 경우도 있다.

　이런 이유로 사업 아이템이 특허 출원되기도 전에 지나치게 많은 투자자를 만나고 다닌다면, 이는 어찌 보면 대단히 위험한 행동이라고 할 수 있다. 최소한 가출원(약식출원)이라도 한 후에 데모데이나 피칭, 투자유치 활동을 시작하는 것이 바람직하다.

일곱, 선행기술조사로 사업 위험과 기회를 확인할 수 있다

　변리사에게 특허 출원을 의뢰하면 가장 먼저 하는 업무가 출원하려는 기술과 동일한 기술이 있는지 논문이나 특허자료를 확인하는 선행기술조사이다. 이 조사 과정에서 당신과 비슷한 생각으로 먼저 사업을 시작한 선발주자들을 알 수 있게 되고, 그들의 사업 내용을 추적해봄으로써 당신의 사업에서 벌어질 수 있는 위험이나 새로운 사업의 기회를 찾게 되기도 한다. 또한 선행기술조사를 통해서 해당 아이템에 대해서 충분히 경험을 한 선배(?)가 누구인지 알 수 있으며 그 과정을 통해 업계의 강자와 약자를 미리 파악할 수 있다. 그러므로 믿을 수 있는 변리사와 함께 시장에 존재하는 선행기술에 대한 조사를 철저히 하고 이를 바탕으로 차별화를 시도하는 것이 사업의 시작일 것이다.

합법적인 독점권, 특허 제도 바로 알기

특허 제도는 발명을 보호·장려함으로써 국가산업의 발전을 도모하는 제도이며(「특허법」 제1조), 이를 달성하기 위하여 '기술공개의 대가로 특허권을 부여'하는 것을 구체적인 수단으로 사용하고 있다.

원래 특허 제도의 취지는 꽁꽁 싸매고 있는 기술을 사회에 공개하도록 유도하여 사회 전반적인 기술력을 높이는 것이다. '기술 공개 → 기술 축적, 공개기술 활용 → 산업 발전'의 선순환 구조가 국가에서 생각하는 특허 제도의 핵심인 것이다. 그러나 국가가 아무리 좋은 취지를 가지고 제도를 추진하더라도 개인이나 기업 입장에서 아무런 실익이 없다면 자기가 보유하고 있는 기술을 굳이 공개할 필요가 없을 것이다. 때문에 국가는 기술을 공개한 사람에게 '일정기간 동안의' 독점권을 부여하고 사업화를 촉진하여 발명의욕을 고취시키고 산업발전을 유도하고 있다. 여기서 '일정기간'이라는 의미는 '출원일로부터 20년이 지나면 독점권이 소멸된다'는 것으로 이해하면 된다.

물론 권리라고 하는 것은 심사기간을 거쳐 등록이 완료되어야 발생하는 것이므로 특허권의 존속기간은 20년에서 심사기간을 뺀 나머지 기간과 같게 된다. 심사기간은 보통 2년이 소요되는데 최근 우리나라는 이 심사기간을 12개월 정도로 단축하고 있어 '세계에서 가장 심사가 빠른 나라'에 속한다. 미국은 평균 3년이 소요되며 중국과 일본은 2년 이상이 소요된다.

우리나라의 심사는 원칙적으로 심사신청 순으로 진행된다. 하지만 사업상의 이유 등으로 더 빠른 등록이 필요한 경우 고속심사제도를 이용할 수 있다. 우리나라는 고속심사제도로서 '우선심사' 제도, '예비심사' 제도 및 '일괄심사' 제도를 운영하고 있다.

'우선심사' 제도는 최초 심사 결과를 4개월 내지 8개월의 심사기간 내에 통지받을 수 있는 제도이다. '예비심사' 제도는 공식심사 전에 예비심사 결과를 제공받아 거절사유를 미리 파악하고 심사관과 면담을 통해 대응 방향을 논의하여 신속하게 등록받을 수 있는 제도이다. '일괄심사' 제도는 하나의 제품·서비스 또는 동일한 사업에 관련된 두 건 이상의 지식재산권(특허·실용신안·상표·디자인) 출원에 대하여 원하는 시기에 맞춰서 일괄적으로 심사해주는 제도이다. 물론 이러한 고속심사제도를 이용하기 위해서는 급행료를 납부해야 한다.

특허에서 중요한 것은 출원일과 명세서

특허 제도에서 가장 중요한 것은 '출원일'이다. 특허를 많이 가지고 있는 사람일수록 '등록일'이 중요한 것으로 알고 있는데, 출원일을 기준으로 해당 출원서에 담긴 발명의 내용이 새로운지 아닌지를 심사하므로 무조건 출원일이 중요하다. 다시 말해 내가 아무리 기발한 생각을 먼저 했더라도 출원이 늦어져 후순위 출원인이 된다면 특허를 등록받기 어렵다. 20세기 초반 여러 발명가가 새로운 통신 수단이 되는 전화기를 발명하기 위해 치열한 경쟁을 펼쳤는데, 알렉산더 그레이엄 벨이 가장 먼저 '출원서'를 특허청에 제출해서 전화기를 발명한 최초의 사람이 되었다는 유명한 일화도 이를 뒷받침한다.

특허를 출원하려면 출원서에 '명세서'가 첨부되어야 하는데, 바로 이 명세서를 작성하는 비용이 '변리사 수수료'라고 할 수 있다. 명세서는 변호사가 작성하는 '소장'이라고 생각하면 된다. 발명의 내용이 담기지만 변리사의 실력에 따라 그 품질은 영향을 크게 받는다. 즉 출원인이 만들어낸 아이디어가 명세서에 제대로 담기지 않으면, 특허가 등록되더라도 특허소송 등 분쟁이 벌어졌을 때 권리 행사를 제대로 할 수 없게 된다.

인터넷을 보다 보면 아주 싼 값에 명세서를 작성해준다며 홍보하는 경우가 있는데, 지나치게 저렴한 비용인 경우 변리사가 아닌 무자격자에 의해 작성되는 경우가 많으니 주의하기 바란다. 명세서라도 작성되면 다행이나 입금만 받고 연락이 두절되는 경우도 비일비재하다. 변리사가 하는 것처럼 자격증만 대여 받은 후 실제로는 무자격자가 작성하는 경우도 있다. 대한변리사회와 검찰이 무자격자들을 처벌하고 있기는 하나 일반인으로서는 가려내기가 쉽지 않다. 이러한 일을 피하려면 '변리사를 만나서 직접 상담'하는 것이 가장 좋다. 특허는 당신의 사업 아이템을 담은 보험증서와 같다. 그리고 세상에는 가짜가 너무 많다. 변리사를 만나서 상담하고 진행하는 것이 사업의 기초를 탄탄하게 쌓는 첫걸음이라는 것을 명심하길 바란다.

특허 출원 후 등록까지의 흐름

특허 출원서가 특허청에 접수되면 '특허 출원번호'를 받게 된다. 특허 출원번호는 10-2017-0000000과 같은 형태로 표현되는데, 10-으로 시작하면 '특허', 20-으로 시작하면 '실용신안'이라고 보면 된다. 특허 출원이 이루어진 후 1년 6개월이 지나면 그 기술 내용을 공개된 보고서 형태로 일반인에게 공개하는데, 이것을 '출원공개 제도'라고 한다. 전 세계 거의 대부분의 국가가 출원일로부터 1년 6개월 후 출원공개를 시행하고 있으며, 이는 '공개를 통한 산업기술의 발전'을 유도하기 위한 필수적인 절차라고 할 수 있다([그림2-1] 참조). 간혹 특허 출원 중에 우선심사를 신청하여 출원일로부터 1년 6개월 이전에 등록되는 경우가 있는데, 이러한 경우 '등록공보'라는 공개된 보고서가 출판(국민들이 자유롭게 이용할 수 있는 '특허검색시스템'에 등록)되므로 별도의 '출원공개'는 없다.

한편 특허 출원서에 첨부된 명세서는 특허청에 접수되었다고 해서

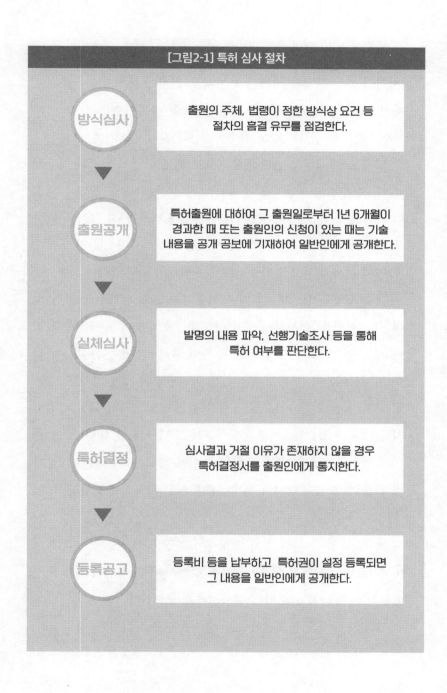

[그림2-1] 특허 심사 절차

방식심사 출원의 주체, 법령이 정한 방식상 요건 등 절차의 흠결 유무를 점검한다.

출원공개 특허출원에 대하여 그 출원일로부터 1년 6개월이 경과한 때 또는 출원인의 신청이 있는 때는 기술 내용을 공개 공보에 기재하여 일반인에게 공개한다.

실체심사 발명의 내용 파악, 선행기술조사 등을 통해 특허 여부를 판단한다.

특허결정 심사결과 거절 이유가 존재하지 않을 경우 특허결정서를 출원인에게 통지한다.

등록공고 등록비 등을 납부하고 특허권이 설정 등록되면 그 내용을 일반인에게 공개한다.

바로 심사관에게 배정되지 않는다. [그림2-2]에서 보는 바와 같이 '심사청구'라는 절차를 거쳐야 하는데, 출원서만 특허청에 제출하고 심사청구를 하지 않을 수도 있다. 심사청구는 출원일로부터 3년 이내에 할 수 있으며, 심사가 언제 이루어지든 출원일자를 기준으로 '신규성' 및 '진보성' 여부를 판단하게 되므로 뒤로 미루어 천천히 청구해도 된다. 즉 특허 출원비용을 줄여야 하거나 전략적으로 등록을 뒤로 연기할 필요가 있는 상황이라면 심사청구를 바로 하지 않아도 된다는 뜻이다. 그러나 출원일로부터 3년이 넘도록 심사청구를 하지 않으면 출원이 취하된 것으로 간주되므로 유의해야 한다(「특허법」 제59조).

일단 심사청구가 이루어지면 특허청 심사관에 의해서 심사가 이루어진다. 이것을 '실체심사'라고 하는데, 「특허법」에서 규정한 특허 등록요건 기준으로 심사하게 된다. 특허 등록요건은 「특허법」에 자세히 명시되어있다. 특허청 심사관은 출원발명의 '출원일자를 기준'으로 해당 발명과 기술적으로 유사한 문헌이 있는지 살피고 완전히 동일한 내용이 있으면 '신규성'이 없다는 거절이유를 내린다. 또 완전히 동일하지는 않지만 해당 산업 분야에 속하는 통상적인 기술자들이 봤을 때 출원일 당시에 공개된 문헌들로부터 쉽게 도출될 수 있는 발명이라고 판단되면 '진보성'이 없다는 거절이유를 내린다. '신규성'과 '진보성'은 특허 심사 과정에서 가장 많이 등장하는 거절이유이다. 그 밖에 산업상 이용가능성이 있는지 여부, 명세서 기재가 잘 되었는지 여부 등을 판단하여 심사결과를 도출한다.

심사 결과 특허 등록요건이 모두 충족될 경우 심사관은 '특허결정'

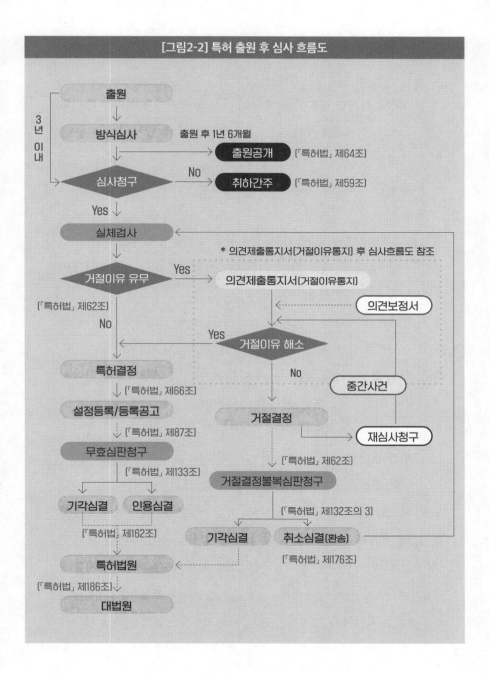

[그림2-2] 특허 출원 후 심사 흐름도

을 내린다. 심사관의 특허결정에 대해 등록료를 납부하는 '설정등록'을 하면 특허 등록이 이루어지고 특허번호가 나온다.

심사관이 심사한 결과 특허 등록요건을 충족하지 못한다고 판단할 경우에는 '의견제출통지서'라는 것을 출원인에게 발부하게 되는데, 이 문서에는 심사관이 해당 기술에 특허를 줄 수 없는 사유(거절의견)와 인용문헌(선행문헌)이 함께 기재되어있다.

사람들의 생각은 대부분 비슷하기 때문에 세상에 완전히 새로운 발명은 없다고 봐야 한다. 게다가 특허청 심사관들은 선행기술 문헌에 대한 조사 전문가들이라서 출원되는 특허들의 80% 이상이 [그림 2-3]과 같은 거절의견을 받게 된다.

하지만 거절의견을 받았다고 해서 무조건 포기할 필요는 없다. 특허청 심사관들이 특허 출원서에 포함된 명세서의 내용을 잘못 이해했을 수도 있고, 출원인의 의도와 다른 방향으로 선행기술을 찾아서 비교했을 수도 있다. 물론 특허청 심사관이 제시한 인용문헌들이 출원인의 발명과 98% 유사할 수도 있다. 이런 경우 특허 출원을 포기하는 경우가 많은데, 의견제출통지서의 내용을 잘 살펴보면 의외로 극복 가능한 경우가 많다. 즉 심사관의 의견을 보완하여 특허가 등록되도록 시도할 필요가 있다는 말이다. 이를 위해서는 의견서와 보정서를 함께 제출해야 하는데, 보정서는 대개의 경우 명세서에 포함된 '청구항'의 권리범위를 좁히는 방식으로 작성되고(심사관이 심사를 잘못했기 때문에 청구항을 수정할 필요가 없다고 생각한다면 보정서를 작성하지 않아도 된다.), 의견서는 보정서의 보정 내용에 대해 설명하면서 심사관

[그림2-3] 거절의견을 담은 의견제출통지서

발송번호: ○○-○○○○-○○○○○○○○
발송일자: 2016.06.15.
제출기일: 2016.08.15.

심사관	파트장	과장	국장	보 고

YOUR INVENTION PARTNER

특 허 청

의견제출통지서

3년의 혁신
30년의 생정

출 원 인 성 명	○○○○○○ (출원인 코드 : ○○ ○○○○○○)
주 소	○○특별시 ○○구 ○○○길 ○○ ○○○○○○
대 리 인 성 명	○○○○○○
주 소	○○특별시 ○○구 ○○○길 ○○ ○○○○○○
발 명 자 성 명	○○○○○○
주 소	○○특별시 ○○구 ○○○길 ○○ ○○○○○○
출 원 번 호	10-2016-○○○○○
출 원 일 자	20○○.○○.○○
발 명 의 명 칭	○○ ○○○○○○ ○○ ○○○○○○

1. 이 출원에 대한 심사결과 다음과 같은 거절이유가 있어 특허법 제63조에 따라 이를 통지하오니 의견이 있거나 보정이 필요할 경우에는 상기 제출기일(20○○.○○.○○)까지 의견(답변, 소명)서 [특허법시행규칙 별지 제24호 서식] 또는/및 보정서[특허법시행규칙 별지 제9호 서식]를 제출하여 주시기 바랍니다.

2. 상기 제출기일(20○○.○○.○○)을 연장하려는 경우에는 지정기간연장신청을 통해 그 제출기일을 4개월까지 연장할 수 있습니다. 이 경우 연장신청은 1개월 단위로 해야 하며, 필요시 4개월을 초과하지 않는 범위에서 2개월 이상을 일괄하여 연장신청할 수 있습니다. 불가피한 사유의 발생(하단의 안내참조)으로 4개월을 초과하여 지정기간을 연장받고자 하는 때에는 그 사유를 기재한 소명서를 추가로 첨부해서 연장신청을 해야 합니다.

[심사결과]
☒ 심사 대상 청구항 : 제1~2항
이 출원의 거절이유가 있는 부분과 관련 법조항

순번	거절이유가 있는 부분	관련 법조항
1	청구항 전항	특허법 제29조 제2항
2	발명의 설명	특허법 제42조 제3항 제1호
3	발명의 배경이 되는 기술	특허법 제42조 제3항 제2호
4	청구항 전항	특허법 제42조 제4항 제2호

[구체적인 거절이유]

- 1 -

에게 특허 등록결정을 해줄 것을 요청하는 내용을 담게 된다. 이렇게 의견서와 보정서를 만드는 과정을 '중간사건'이라고 하는데, 중간사건에서 권리범위를 조정하는 과정은 나중에 특허가 등록된 이후 소송에서 굉장한 영향을 미치게 되므로 아무리 사업이 바쁘더라도 의견서와 보정서의 작성과정에는 출원인이 직접 참여하여 변리사에게 특허청 심사관을 이해시켜줄 것을 요청해야 한다. 또한 보정의 방향을 직접 지시해야 한다.

의견서, 보정서 제출 등의 과정을 통해서도 심사관의 거절의견을 극복하지 못했다면 최종적으로 '거절결정'을 받게 된다. 거절결정에 대응하는 방법은 두 가지인데, 다시 의견서와 보정서를 작성하여 청구범위를 대폭 축소한 후 해당 심사관에게 다시 심사해줄 것을 요청하는 '재심사 청구'와 해당 심사관이 아닌 특허청 산하의 특허심판원에 소속된 '심판관'에게 거절결정의 부당함을 판단해달라고 하는 '거절결정불복심판'이 그것이다. 일반적으로는 계속해서 거절의견을 보낸 심사관에게 다시 심사를 받아봐야 어차피 거절될 것이라고 생각할 수 있으나 심사관을 직접 찾아가 해당 특허가 꼭 등록되어야 하는 이유를 설득하면 재심사에서 등록되는 경우도 상당히 많다.

거절결정불복심판의 경우 특허심판원에서 진행되는 심판이기 때문에 최소 300만 원 이상의 비용이 든다. 거절결정불복심판에서 승리하여 등록이 결정되는 확률은 약 30% 정도인 것으로 알려져 있다. 즉 거절의견을 받았다고 하더라도 '끝날 때까지는 끝난 게 아니므로' 포기하지 않는 자세가 중요하다. 선행기술조사만 잘했다면 거절의견을 받더라도 끝까지 대응하여 등록되는 경우가 70% 내지 80%이다. 포기하지 말고 특허 등록에 도전하도록 하자.

중국에 진출한다면, 실용신안

실용신안권은 특허권과 거의 모든 제도가 비슷하다. 차이가 있다면 '장치발명'에 대해서만 허용된다는 것이다. 다시 말해 물질특허나 소프트웨어 발명 또는 제조방법에 대해서는 실용신안을 받을 수 없고 새로운 비누곽, 샴푸 용기 같은 '기구'적인 특징을 가진 발명만이 실용신안을 등록받을 수 있다.

또 다른 차이점은 특허가 출원일로부터 20년까지 보호되는 데 반해, 실용신안은 출원일로부터 10년까지만 보호된다는 것이다. 실용신안은 미국에는 없고 한국, 일본, 독일을 중심으로 인정되는 권리이지만 최근 중국에서 실용신안이 각광을 받으면서 중국 또한 최대의 실용신안 출원국가로 성장했다. 중국의 경우 '하드웨어 발명'에 대한 출원이 폭증하고 있는데, 2016년 기준으로 특허와 실용신안을 합쳐 약 240만 건 정도(우리나라는 20만 건)의 출원이 이루어지고 있다.

이렇게 많은 특허, 실용신안이 출원되고 있다 보니 기존 심사인력만으로는 충분히 심사하기가 어려워 중국 특허청은 실용신안의 경우 기초적인 요건에 대한 심사만 실시하는 '무심사' 제도를 시행하고 있다. 즉 중국 실용신안은 '출원인 이름', '수수료 납부 여부'

등에 대해서만 심사를 진행하고 '이 발명이 실제로 가장 새로운 것인지' 여부 등의 실체적인 내용에 대한 심사는 하지 않는다. 그 결과 중국 실용신안 출원을 하면 약 5개월 만에 실용신안 등록증이 나오며 이를 토대로 경고장 발송 등의 권리행사를 할 수 있다. 2007년 이전에는 우리나라에서도 실용신안 무심사 등록제도를 채택하였는데, 제도를 악용하는 사례가 많아서 심사를 하는 것으로 개정되었다. 일단 현재까지 중국에서는 '행사 가능한 실용신안 권리'를 약 5개월 만에 등록할 수 있음을 기억해두자. 중국 진출 시에는 실용신안 제도를 이용하는 것이 여러모로 유리하다.

특히 우리나라 기업들은 '중국 기업들에게 카피당하는 것'을 두려워하는 경향이 있고 '어차피 중국 특허권을 확보해봐야 카피를 막지 못한다'라고 생각하여 중국 특허권을 확보하지 않는 경우가 많은데, 오히려 우리 제품이나 기술과 비슷한 것을 중국 지식재산권에 기반을 두어 중국 기업들이 먼저 확보한 후 '오리지널'인 우리를 소송하는 경우가 빈번하게 일어나므로 유의해야 한다. 다시 말해 우리나라에서 중국에 수출하는 경우 〈알리바바〉, 〈티몰〉, 〈타오바오〉, 〈JD.com〉 등의 온라인 오픈마켓 플랫폼을 통해서 소비자 판매가 많이 일어나는데, '어차피 못잡아'라는 생각으로 중국 특허 또는 실용신안을 확보하지 않는다면, 제3자에 의해 해당 제품에 대한 디자인권이나 실용신안이 등록이 되고 그것을 근거로 오리지널인 당신이 경고장을 받아 〈알리바바〉 등의 쇼핑몰에서 퇴출될 수 있다는 말이다. 이런 황당한 일을 겪지 않기 위해서라도 중국에 수출하기 전에 미리 실용신안을 확보해야 한다.

중국에선 복제가 많이 일어나는 것이 사실이고 그러한 복제를 막기 어려운 것 또한 사실이다. 광대한 대륙에서 무분별하게 일어나는 복제를 한국의 중소기업이 쫓아다니면서 소송을 하는 것은 노력과 비용이 엄청나게 들어가는 일이다. 최근 한국 기업들은 중국 수출 전에 미리 중국 특허권 또는 실용신안권을 3~5개 등록해놓고 중국의 사업 파트너를 찾아서 그들에게 중국 특허 및 실용신안권에 대한 전용실시권을 장기간 부여하는 전략을 취하고 있다. 가격을 낮출 수 있는 양산시설을 가지고 있거나 상당한 유통망을 보유하고 있는 중국의 사업 파트너에게 '중국 내에서 소송'할 수 있는 전용실시권을 부여하거나 아니면 중국 특허권을 해당 파트너에게 상당한 가격(라이센싱 기술료)을 받고 보유 특허 일부를 매각하여 해당 중국 사업 파트너로 하여금 짝퉁 제조사를 소송하게 하는 전략이다. 중국에서 '외국기업 vs 중국기업'이 소송할 때는 외국기업이 절대적으로 불리하다. 하지만 '중국기업 vs 중국기업'이 소송하는 경우 중국 법원도 어느 한쪽 편만 들지는 않을 것이므로 이러한 전략은 현장에서 적극 권장되고 있다. 물론 해당 중국 사업 파트너에게 중국사업권(상표권, 특허권)은 넘기되 저렴한 가격으로 물건을 공급받아 중국 이외 세계 각지의 국가에 유통하는 전략도 각광받고 있다.

다들 알고 있겠지만 중국은 쉽지 않다.

애써 만든 제품이
이미 특허 받은
제품이라면?

　기발한 아이디어가 퍼뜩 떠올라 제품으로 만들었다. 그것도 무려 2년에 걸쳐. 이제 이것을 특허로 보호받으려고 출원은 어떻게 하는지, 비용은 얼마나 드는지 이것저것 알아보았다. 그런데 오마이갓! 내가 애써 만든 것과 똑같은 제품이 이미 특허로 등록되어있는 것이다.

　아이디어를 제품화하기 전에 당신이 생각하는 것과 비슷한 제품이 특허로 등록되어있는지 알아만 봤다면 피할 수 있던 상황일 텐데 안타까운 일이다.

　자신의 아이디어가 이미 특허로 등록되어있는지 알아보는 것을 '특허 선행기술조사'라고 한다. 지금부터 이야기해볼 주제가 바로 이것이다. 공들여 만든 창작물이 무용지물이 되지 않게 미리미리 조사해보는 특허 선행기술조사! 꼼꼼하고 확실하게 짚어보자.

선행기술조사, 발명자가 직접 챙기자

앞서 특허 출원은 변리사를 통해 진행할 것을 권유하였으나 선행기술조사는 발명자 본인이 직접 해볼 필요가 있다. 발명자가 선행기술조사를 해야 하는 이유는 두 가지로 볼 수 있다.

첫째, 특허 검색을 통해 경쟁자들의 기술 수준과 현재 자신이 생각하는 기술의 수준을 자연스럽게 비교해볼 수 있기 때문이다. 타인의 아이디어와 자신의 아이디어를 비교함으로써 자신의 아이디어를 기반으로 만들어질 특허가 쓸모 있을지 여부를 고민하는 계기가 될 수 있다.

둘째, 자신이 가지고 있는 기술적 난제를 해결해줄 뜻밖의 아이디어를 다른 사람의 특허 정보를 통해 얻을 가능성이 있기 때문이다.

애플의 멀티터치 기술은 스마트폰의 사용을 쉽고 편리하게 만들고 하드웨어의 물리적 버튼을 삭제하여 어플리케이션 제작의 한계를 혁신적으로 극복할 수 있었다. 그런데 멀티터치 기술은 사실 애플이 처음 개발한 기술이 아니다. 핑거웍스란 스타트업에서 개발한 기술로 애플은 아이폰을 개발하기 전에 핑거웍스의 특허 세 건을 37번이나 인용하면서 개량 특허를 출원하다가 결국 이 회사를 인수합병한 것이다.

창업 당시 펑거웍스의 목표는 인체공학을 이용하여 장애인들이 쉽게 컴퓨터를 사용할 수 있는 디바이스를 만드는 것이었다. 아마 그들은 자신들의 기술로 말미암아 거대한 산업 생태계가 새롭게 창조될 것이란 사실을 그 당시에는 상상조차 하지 못했을 것이다.

특허 선행기술조사는 특허청 심사관들도 어렵고 부담스러워하는 분야이다. 쉽지 않다는 말이다. 심사관들이 선행기술조사를 어려워하는 주된 이유는 선행기술이 공개된 문헌의 범위가 공개된 날짜만 증명할 수 있다면 특별하게 문서 형태적 제한이 없기 때문이다.

특허 출원인이 한국 특허를 출원해 한국에서만 권리를 인정받겠다고 마음먹었더라도 타국에 출원된 선행 특허문헌을 함께 검토해야 하는데 아무리 훌륭한 심사관이라도 세계의 모든 선행 문헌을 완벽하게 검토하기란 불가능에 가깝다. 언어 장벽도 문제이거니와 논문이나 간행물 심지어 제품 카탈로그까지도 선행 문헌에 포함되고 웹상에 공지된 내용도 선행 문헌에 포함되기 때문이다.

따라서 정확한 선행기술조사를 수행하려면 「특허법」에 관한 기본적인 지식과 기술적 이해도, 외국어를 이해하는 능력 및 특허(혹은 비특허) 문헌 검색 툴에 관한 폭넓은 이해와 지식이 필요하다.

당신이 가지고 있는 기술에 대한 선행기술조사를 잘할 자신이 없거나 전문가들의 시각에서 등록 가능성에 대한 의견을 구하고자 한다면 지역지식재산센터나 전문성 높은 변리사 사무소를 통해 지원받기를 권한다.

선행기술조사 어떻게 시작해야 할까?

특허청 산하 특허정보원에서 제공하는 무료 특허정보 검색 사이트 키프리스www.kipris.or.kr는 국내외 특허, 실용신안 공보 전문을 제공하고 있다. 이외에도 '디자인/상표/심판/정보' 등 다양한 지식재산 관련 공보 내용을 검색할 수 있다. 따라서 키프리스 메인 페이지에 있는 검색어 입력창을 잘 활용하면 국내 특허와 해외 특허, 논문 정보 등을 통합하여 검색할 수 있다. 다만 인접 연산자나 구문 연산자 등 특수문자의 활용을 제한하는 데다 '발명의 명칭/요약/청구항' 등 검색 필드를 구분하는 방식으로는 검색을 할 수 없다는 단점이 있다. 또한 검색 결과를 스크리닝하기 위한 인터페이스가 불편한 점도 단점으로 볼 수 있다.

그러므로 되도록 상단 메뉴에 위치한 [SEARCH] 메뉴 중 검색하고 싶은 지식재산권을 선택하고, [스마트 검색] 메뉴를 선택하여 검색 연산자와 검색 필드를 최대한 활용할 것을 추천한다. [그림 3-1]의 ❸번 그림은 [스마트 검색]을 클릭하여 키프리스에서 제공하는 검색 옵션 및 검색 필드가 노출된 화면이다.

[그림3-1] 키프리스에서 선행기술조사를 하는 방법

❶ 키프리스(www.kipris.or.kr) 메인 페이지에 있는 [검색어] 입력창
에 찾고자 하는 검색어를 입력하거나 상단에 있는 [SERCH] 메
뉴를 클릭한다.

❷ 왼쪽 메뉴에서 '권리구분'과 '행정처분'에 대한 정렬 기준을 정
하고 [스마트 검색]을 클릭하여 검색한다.

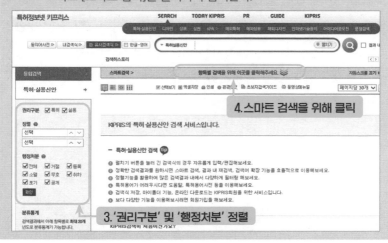

❸ 스마트 검색창 화면이다. [자유검색(전문)] 필드란에 검색어와
검색 연산자를 활용하여 검색한다.

5. 검색어와 검색 연산자 입력

키프리스에서 제공하는 검색 연산자의 종류와 의미

키프리스 서비스에서 제공하는 검색 연산자의 종류는 아래와 같다.

연산유형		연산자	연산자 설명	입력 예시
논리 연산	AND	*	두 개 이상의 키워드를 모두 포함한 검색 결과를 출력한다.	자동차*엔진
	OR	+	두 개 이상의 키워드 중 적어도 하나를 포함한 검색 결과를 출력한다.	자동차+엔진
	NOT	!	! 연산자 뒤에 위치한 키워드를 포함하지 않는 검색 결과를 출력한다.	자동차*!엔진
	괄호	()	복수의 단어를 묶어 논리 연산할 수 있으 며 검색 연산 시 우선 순위를 가진다.	자동차*(엔진+ 모터)
구문 연산	구문	" "	공란이 포함되고 연속적으로 기재된 구문을 검색한다.	"자동차 엔진"
	인접 배열	^숫자	첫 번째 검색어와 두 번째 검색어의 거리가 입력된 숫자 이하로 떨어져 있는 구문을 검색한다.	자동차^2엔진

키프리스에서 제공하는 검색 연산자들을 보다 깊이 이해하기 위해 [자유검색(전문)] 필드란에 다음과 같은 검색식을 입력해보자.

((자동차+차량)*엔진*(크랭크^샤프트))*!(하이브리드)

입력된 검색식은 '자동차 또는 차량 엔진에 적용되는 크랭크 샤프트 관련 기술을 모두 찾고 싶은데 하이브리드 차량은 제외하고 싶다' 는 의미이다.

키워드 검색에서 주의할 점은 일반적으로 'NOT 연산자'인 !는 특별한 경우가 아니면 쓰지 않는 것이 바람직하다는 것이다. NOT 연산자를 사용해야 하는 특수한 경우에 대한 예를 하나 들자면 '현대자동차와 기아자동차가 공동 출원한 특허를 제외하고 현대자동차 단독으로 출원한 특허만을 알아보고자 할 때' 정도이다.

> 현대자동차*!기아자동차

스마트 검색창에서 제공되는 여러 검색 필드는 사용자가 직관적으로 사용할 수 있도록 각 필드마다 입력 예를 제공한다. 도우미 아이콘을 클릭하면 각 검색 필드의 특성과 검색 방법에 대해 알 수 있다. 상표나 디자인 검색의 경우 특허 검색 연산자와 동일하게 사용하면 된다.

되도록 자유검색(전문) 필드를 사용할 것

서버 성능이 받쳐주지 못한 과거에는 [자유검색(전문)] 필드란에 여러 개의 키워드들로 이루어진 검색식을 입력하면 검색 속도가 너무 느리거나 오류 메시지가 나오는 경우가 많았다. 그 당시 원하는 기술을 찾으려면 [발명의 명칭]이나 [초록 청구범위] 필드만을 이용해야 했는데, 한정된 필드만을 사용하다 보니 이를 극복하기 위해 동의어에 해당하는 수많은 키워드를 복잡하게 조합하여 검색식을 입력하는 것이 중요한 스킬 중 하나였다.

예를 들어 '휴대폰'이란 키워드는 [발명의 명칭]이나 [초록 청구범위]에서 '이동통신단말기'라는 유사어로 표현된다. 이러한 용어는 특허 검색을 직업으로 하는 전문가에게나 익숙할 뿐 보통의 연구원들에게는 낯선 용어이다. 사실 특허 검색 결과를 제대로 얻으려면 키워드 시소러스(어휘)에 대한 폭넓은 이해가 요구된다.

예를 들어 TV/티비/티브이/텔레비/텔레비전/텔레비젼 등 외래어 표현상의 차이를 반영해야 하고, Net/네트/네트워크/그물과 같은 의미상 차이를 감안해야 하며, center(미국식)/centre(영국식) 같은 국가별로 다른 외국어 표기상 차이를 이해해야 한다. 또한 **휴대폰/이동통신단말기/모니터/화상처리수단** 등과 같은 비구체적 표현 등에 대해서도 고민해야 한다.

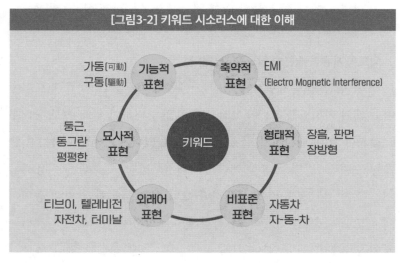

[그림3-2] 키워드 시소러스에 대한 이해

하지만 비전문가가 이와 같은 모든 상황을 감안하여 키워드를 조합하고 검색식을 작성한다는 것은 현실적으로 매우 어렵다. 이때 자유검색 필드를 활용하면 키워드 작성의 어려움을 어느 정도 해소할 수 있다. 이해를 돕기 위해 출원번호 10-2003-0031665호 '화상 표시장치' 특허를 살펴보자. 화상 표시장치 특허는 플라즈마 디스플레이에 적용할 수 있는 방열 기술과 관련된 발명이다. 만약 특허 검색자가 이와 같은 콘셉트의 발명을 검색한다면, 대개 '플라즈마 디스플레이/PDP/방열/열 방출' 같은 키워드를 떠올리게 될 것이다. 화상 표시장치 특허의 요약과 청구항1은 다음과 같은 내용이 기술되어있다.

"방열을 위한 가이드 플레이트를 구비하는 화상 표시장치에 관한 것으로, 본 발명은, 화상 표시 패널과; 상기 화상 표시 패널을 구동하는 회로 보드들과; 상기 화상 표시 패널과 회로 보드들이 전면 및 후면에 각각 설치되는 프레임과; 프론트 커버 및 리어 커버를 포함하며, 상기 화상 표시 패널, 회로 보드들 및 프레임을 내부에 수납하는 전자 부품 수납용 케이스:를 포함하고, 상기 리어 커버는 후면, 또는 후면과 상면에 공기 배출구를 구비하며, 상기 프레임은 케이스 내부로 유입된 공기가 상기 리어 커버의 후면에 제공된 공기 배출구를 향하도록 가이드 하는 가이드 부재를 구비하는 화상 표시장치를 제공한다."

내용을 살펴보면 키워드로 생각했던 '플라즈마 디스플레이'나 'PDP'에 대한 언급이 없다. 즉 검색 결과를 줄이기 위해 검색 필드를 '발명의 명칭'이나 '요약', '청구범위'로 한정한다면 우리가 살펴본 화상 표시장치 특허는 검색할 수 없다는 뜻이다. 특허 명세서의 발명의 명칭, 요약, 청구범위 부분은 '화상 표시장치'처럼 비구체적 표현으로 발명을 기술하는 경우가 많다.

화상 표시장치 특허의 '발명의 상세한 설명'에서 '발명의 구성 및 작용' 부분을 살펴보면 다음과 같은 내용이 기술된다.

> "상기 화상 표시 패널(12)은 사용자로 하여금 소정의 화상을 볼 수 있게 표시하는 부품으로서, 이는 음극선관CRT: Cathode Ray Tube의 전면 패널, 액정 디스플레이LCD: Liquid Crystal Display 패널, 전계 방출 디스플레이FED: Field Emission Display 패널, 전계 발광 디스플레이EL: Electro Luminescent 패널, 플라즈마 디스플레이 패널PDP: Plasma Display Panel 등과 같은 것이 사용될 수 있는데, 본 실시예에서는 플라즈마 디스플레이 패널을 예로 들어 설명한다."

위와 같이 '플라즈마 디스플레이'와 'PDP' 단어가 포함되므로 특허 명세서 전문을 검색할 수 있는 '자유검색' 필드를 사용하면 화상 표시장치 특허를 검색해낼 수 있다. 단, [자유검색(전문)] 필드란을 잘 활용하려면 원하는 기술을 구체화하여 여러 가지 조건의 AND 조합을 함께 고려해야 좋은 검색 결과를 얻을 수 있다. 키워드를 이용한 특허 조사 방법에 대한 보다 구체적인 내용은 다음과 같다.

키워드를 이용한 특허조사 예시

자전거 타이어에 공기가 충분하지 않는 등 유사 시에 활용할 수 있도록 타이어 펌프를 안장에 내장하는 아이디어와 관련된 특허를 검색해보자.

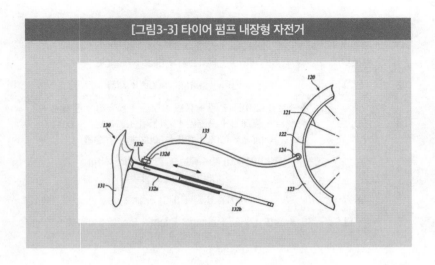
[그림3-3] 타이어 펌프 내장형 자전거

이 발명은 타이어 펌프를 안장(+안장 포스트)에 내장하여 자전거 타이어의 공기 보충이 필요할 때 바로 사용할 수 있는 것으로 핵심 키워드를 추출해보면 다음과 같다.

자전거/안장/포스트/타이어/공기/주입

위와 같은 핵심 키워드를 동의어 관계에 있는 단어들로 확장하면 다음과 같다.

NO	핵심 키워드	확장 키워드
1	자전거	자전거 + 자전차 + bike + bicycle
2	안장	안장 + seat + saddle + 새들
3	포스트	포스트 + 파이프 + 관 + 튜브 + 로드 + 하우징 + 프레임 + 후레임 + 플레임 + 프래임 + 후래임(외래어 표현) + post + pipe + tube + rod + housing + frame
4	타이어	타이어 + 바퀴 + 튜브 + 쥬브 + tire + tyre + tube(tyre : tire의 영국식)
5	공기	공기 + 바람 + 에어 + air + gas
6	주입	주입 + 펌핑 + 펌프 + pump + inject + inset('주입'을 사전 검색)

각각의 동의어 세트를 and 조합하면 다음과 같은 검색식이 만들어진다.

> (자전거+자전차+bike+bicycle)*(안장+seat+saddle+새들)*(포스트 + 파이프+관+튜브+로드+하우징+프레임+후레임+플레임+프래임+후래임+post+pipe+tube+rod+housing+frame)*(타이어+바퀴+튜브+쥬브+tire+tyre+tube)*(공기+바람+에어+air+gas)*(주입+펌핑+펌프+pump+inject+insert)

위와 같은 검색식을 [자유검색(전문)] 필드란에 입력하면 다음과 같은 검색 결과를 얻을 수 있다.

[그림3-4] 자유검색 검색 결과

Total 190 Articles (1/7 Pages) 〈 이전 1 2 3 4

● 등록 **[1] 자전거의 안장 통합형 공기주입장치(Air Injection Device Intergrated into Bicycle Seat**

IPC : B62J 99/00 F04B 33/00	출원인 : 동아대학교 산학협력단
출원번호 : 1020130153870	출원일자 : 2013.12.11
등록번호 : 1015235550000	등록일자 : 2015.05.21
공개번호 :	공개일자 :
대리인 : 오휘환	발명자 : 김경배, 김민국, 김연리, 윤보람, 안찬우

● 소멸 **[2] 자전거 안장 완충 및 공기주입장치(Bicycle Saddle Buffering double u combination air pouring system)**

IPC : B62J 1/02 B62J 1/06	출원인 : 최인섭
출원번호 : 2020050003979	출원일자 : 2015.02.15
등록번호 : 2003840810000	등록일자 : 2015.05.03
공개번호 :	공개일자 :
대리인 : 김기종	발명자 : 최인섭

● 등록 **[3] 자전거 완장 완충 및 공기주입장치(Bicycle saddle Buffering double up combination air pouring system)**

IPC : B62J 1/02 B62J 1/06	출원인 : 최인섭
출원번호 : 1020050012220	출원일자 : 2005.02.15
등록번호 : 1006421520000	등록일자 : 2006.10.27
공개번호 : 1020060091793	공개일자 : 2006.08.22
대리인 : 김기종	발명자 : 최인섭

● 거절 **[4] 자전거 안장 공기 펌프(BICYCLE SADDLE AIR PUMP)**

IPC : B62J 99/00 B62J 1/06	출원인 : 김영규
출원번호 : 1020110019992	출원일자 : 2011.03.07
등록번호 :	등록일자 :

검색 결과를 효과적으로 줄이는 방법

첫째, 인접 연산자를 잘 활용하면 검색 결과를 줄이는 데 많은 도움이 된다. 만약 당신이 '타이어 펌프를 안장에 내장하는' 아이디어를 떠올린 발명자라면 이를 어떻게 설명할 것인가? 아마도 '자전거 타이어에 공기를 주입하기 위한 용도를 갖는 펌프를 자전거 안장이라는 특정 위치에 결합한다'는 구조적 특징을 설명할 것이다. 즉 자전거 안장이라는 특정 위치를 설명하지 않는다면 이 발명은 모호한 발명이 되어 버린다.

'자전거 안장'이란 어구는 반드시 사용되게 되어있으므로 아래와 같이 인접 연산자와 괄호 연산자를 활용하여 각각의 키워드 세트를 하나의 어구가 되도록 만들어주면, 다음 페이지에서 보는 바와 같이 검색 결과가 출력된다.

> **((자전거+자전차+bike+bicycle)^3(안장+seat+saddle+새들))*(포스트+파이프+관+튜브+로드+하우징+프레임+후레임+플레임+프레임+후래임+post+pipe+tube+rod+housing+frame)*(타이어+바퀴+튜브+쥬브+tire+tyre+tube)*(공기+바람+에어+air+gas)*(주입+펌핑+펌프+pump+inject+insert)**

둘째, [발명의 명칭]이나 [요약 청구범위] 필드를 활용하여 검색 결과를 줄일 수 있는 방법도 있다. 그러나 이와 같은 방법은 앞서 설명한 대로 검색 결과의 누락이 발생할 수 있으므로 유의해야 한다. 예를 들어 발명자나 대리인이 발명의 명칭을 정할 때 '자전거, 공기 주

[그림3-5] '자전거 안장' 키워드 세트 검색 결과

인접 연산자 ^와 괄호 연산자를 사용하니
검색 결과가 줄었다.

Total 91 Articles (1/4 Pages)

〈 이전 1 2 3 4 다음 〉

등록 [1] 자전거의 안장 통합형 공기주입장치(Air Injection Device Intergrated into Bicycle Seat

IPC : B62J 99/00 F04B 33/00 ....
출원번호 : 1020130153870
등록번호 : 1015235550000
공개번호 :
대리인 : 오휘환

출원인 : 동아대학교 산학협력단
출원일자 : 2013.12.11
등록일자 : 2015.05.21
공개일자 :
발명자 : 김경배, 김민국, 김연리, 윤보람, 안찬우

소멸 [2] 자전거 안장 완충 및 공기주입장치(Bicycle Saddle Buffering double u combination air pouring system)

IPC : B62J 1/02 B62J 1/06
출원번호 : 2020050003979
등록번호 : 2003840810000
공개번호 :
대리인 : 김기종

출원인 : 최인섭
출원일자 : 2015.02.15
등록일자 : 2015.05.03
공개일자 :
발명자 : 최인섭

등록 [3] 자전거 완장 완충 및 공기주입장치(Bicycle saddle Buffering double up combination air pouring system)

IPC : B62J 1/02 B62J 1/06
출원번호 : 1020050012220
등록번호 : 1006421520000
공개번호 : 1020060091793
대리인 : 김기종

출원인 : 최인섭
출원일자 : 2005.02.15
등록일자 : 2006.10.27
공개일자 : 2006.08.22
발명자 : 최인섭

소멸 [4] 공기 주입구조를 갖는 자전거(Bicycle with air pumping structure)

IPC : B62K 19/42
출원번호 : 2020000014811
등록번호 : 2001993910000
공개번호 :
대리인 : 노완구

출원인 : 김인수
출원일자 : 2000.05.25
등록일자 : 2000.07.31
공개일자 :
발명자 : 김인수

거절 [5] 자전거 안장 공기 펌프(BICYCLE SADDLE AIR PUMP)

IPC : B62J 99/00 B62J 1/06 ....
출원번호 : 1020110019992
등록번호 :

출원인 : 김영규
출원일자 : 2011.03.07
등록일자 :

입 장치, 시트가 구비된 이동 수단의 공기 주입용 펌프 결합 구조' 등으로 축약하거나 예상하지 못한 동의어가 채택되는 경우가 있을지도 모르기 때문이다.

마지막으로 '특허 분류'를 이용하여 검색 결과를 효과적으로 줄일 수 있다. 특허 분류는 특허 문헌에 포함되어있는 기술 및 권리정보에 용이하게 접근하고 정연하게 정리하기 위한 도구이다. 특허 분류는 사실 온라인 검색 시스템이 탄생하기 전에 특허 도서관이라고 부르는 공간에 특허 문헌을 체계적으로 비치하기 위해 적용된 책장의 번호였다.

도서관에서 책을 찾을 때 자신이 원하는 책이 도서 분류 방식에 따라 어느 공간, 어떤 책장에 위치하고 있는지를 안다면 쉽게 책을 찾을 수 있듯 특허 또한 특허 분류라는 체계를 알고 나면 훨씬 수월하게 찾아낼 수 있다. 하지만 가장 적은 분류 카테고리를 갖는 IPC 분류(국제적으로 통일된 특허의 분류 체계로 국제특허분류라고도 한다.)만 해도 7만여 개에 달하는 방대한 체계를 가지고 있어서 사실상 특허 검색 전문가가 아니라면 매우 사용하기 어려운 실정이긴 하다. IPC 분류 코드 구조는 [그림3-6]에서 보는 바와 같다.

IPC 코드 F16K 1/100의 의미는 기계공학 분야에서 **공업일반**에 해당하는 **기계요소** 중 밸브와 관련된 기술, 특히 리프트 밸브에 관한 기술이 분류되는 코드라는 의미이다. 더 나아가 리프트 밸브 중 나사 스핀들에 특징을 가지고 있는 기술이라면 F16K 1/02라는 하부 계층 코드

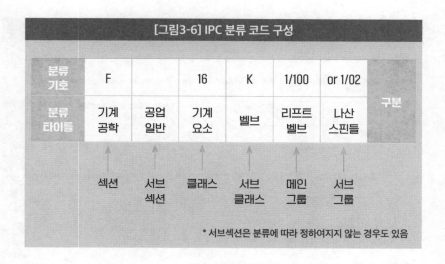

[그림3-6] IPC 분류 코드 구성

분류 기호	F		16	K	1/100	or 1/02	구분
분류 타이틀	기계 공학	공업 일반	기계 요소	벨브	리프트 벨브	나산 스핀들	
	↑	↑	↑	↑	↑	↑	
	섹션	서브 섹션	클래스	서브 클래스	메인 그룹	서브 그룹	

* 서브섹션은 분류에 따라 정하여지지 않는 경우도 있음

로 더 세분화해서 분류할 수 있다.

비전문가가 IPC 코드를 검색에 활용하기 위한 가장 현실적인 방법은 키워드 검색을 통해 얻어진 검색 결과를 검토하면서 자신이 찾고자 하는 특허 기술 내용과 유사한 특허에 부여된 IPC 코드를 활용하는 것이다.

키워드 검색을 통해 출력된 결과 리스트를 살펴보면 공기 펌프가 자전거 안장에 적용되는 기술은 B62J 9/00, B62J 1/02, B62J 1/06 등으로 분류되며 모든 특허에서 공통적으로 B62J라는 서브 클래스를 가지고 있음을 알게 된다.

[그림3-7]에서 보듯 IPC 코드의 세부 내용을 알기 위해 검색 결과 리스트에 표시된 [IPC] 부분을 클릭하면, 세부 IPC를 조회할 수 있는 화면이 나타나고, 여기서 알고 싶은 [IPC 코드]를 클릭해 들어가면, 서브

[그림3-7] IPC 분류 코드를 활용하는 방법

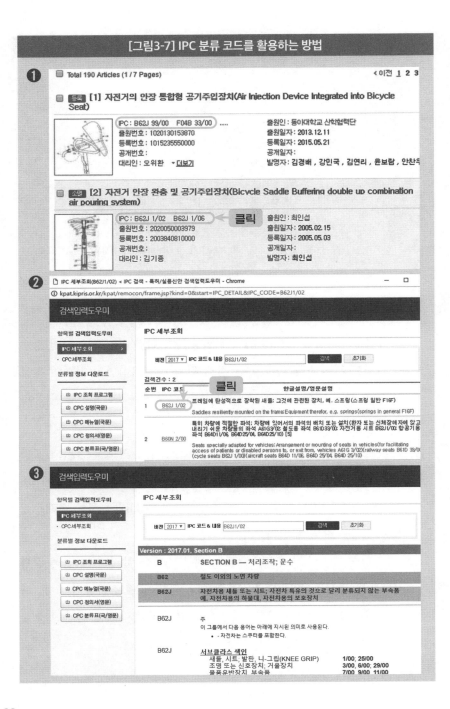

① Total 190 Articles (1 / 7 Pages)   ‹ 이전 **1** 2 3

☐ 등록 **[1]** 자전거의 안장 통합형 공기주입장치(Air Injection Device Integrated into Bicycle Seat)

IPC : B62J 99/00 F04B 33/00 ......
출원번호 : 1020130153870
등록번호 : 1015235550000
공개번호 :
대리인 : 오위환 ▾더보기

출원인 : 동아대학교 산학협력단
출원일자 : 2013.12.11
등록일자 : 2015.05.21
공개일자 :
발명자 : 김경배 , 강민국 , 김연리 , 윤보람 , 안찬익

☐ 소멸 **[2]** 자전거 안장 완충 및 공기주입장치(Bicycle Saddle Buffering double up combination air pouring system)

IPC : B62J 1/02 B62J 1/06   ← 클릭
출원번호 : 2020050003979
등록번호 : 2003840810000
공개번호 :
대리인 : 김기종

출원인 : 최인섭
출원일자 : 2005.02.15
등록일자 : 2005.05.03
공개일자 :
발명자 : 최인섭

② ☐ IPC 세부조회(B62J1/02) ‹ IPC 검색 - 특허/실용신안 검색입력도우미 - Chrome   — ☐ ☐
ⓘ kpat.kipris.or.kr/kpat/remocon/frame.jsp?kind=0&start=IPC_DETAIL&IPC_CODE=B62J1/02

검색입력도우미

항목별 검색입력도우미

IPC 세부조회   ›
· CPC세부조회

분류별 정보 다운로드

⊟ IPC 조회 프로그램
⊟ CPC 설명(국문)
⊟ CPC 메뉴얼(국문)
⊟ CPC 정의서(영문)
⊟ CPC 분류표(국/영문)

IPC 세부조회

버전 2017 ▾ IPC 코드와 내용 B62J1/02   검색   초기화

검색건수 : 2

순번	IPC 코드	한글설명/영문설명
1	B62J 1/02 ← 클릭	프레임에 탄성적으로 장착된 새들; 그것에 관련된 장치, 예. 스프링(스프링 일반 F16F) Saddles resiliently mounted on the frame;Equipment therefor, e.g. springs(springs in general F16F)
2	B60N 2/00	특히 차량에 적절한 좌석; 차량에 있어서의 좌석의 배치 또는 설치(환자 또는 신체장애자에 앉고 내리기 쉬운 차량용의 좌석 A61G3/02; 철도용 좌석 B61D33/00; 자전거용 시트 B62J1/00; 항공기용 좌석 B64D11/06, B64D25/04, B64D25/10) [5] Seats specially adapted for vehicles; Arrangement or mounting of seats in vehicles(for facilitating access of patients or disabled persons to, or exit from, vehicles A61G 3/02)(railway seats B61D 33/00 (cycle seats B62J 1/00)(aircraft seats B64D 11/06, B64D 25/04, B64D 25/10)

③ ## 검색입력도우미

항목별 검색입력도우미

IPC 세부조회   ›
· CPC세부조회

분류별 정보 다운로드

⊟ IPC 조회 프로그램
⊟ CPC 설명(국문)
⊟ CPC 메뉴얼(국문)
⊟ CPC 정의서(영문)
⊟ CPC 분류표(국/영문)

IPC 세부조회

버전 2017 ▾ IPC 코드와 내용 B62J1/02   검색   초기화

Version : 2017.01, Section B

B	SECTION B — 처리조작; 운수
B62	철도 이외의 노면 차량
B62J	자전차용 새들 또는 시트; 자전차 특유의 것으로 달리 분류되지 않는 부속품 예. 자전차용의 화물대, 자전차용의 보호장치

B62J 주
이 그룹에서 다음 용어는 아래에 지시된 의미로 사용된다.
• - 자전차는 스쿠터를 포함한다.

B62J <u>서브클래스 색인</u>
새들, 시트, 발판, 니-그립(KNEE GRIP)	1/00; 25/00
조명 또는 신호장치; 거울장치	3/00; 6/00; 29/00
물품운반장치 부속품	7/00 9/00 11/00

클래스 B62J의 세부 설명 내용이 출력된다.

　IPC 서브 클래스 B62J에 대한 설명을 살펴보면 "자전차용 새들 또는 시트; 자전차 특유의 것으로 달리 분류되지 않는 부속품 예. 자전차용의 하물대 자전차용의 보호장치"로 기재되어있다.

　아직 특허 분류를 이용한 특허 검색이 익숙하지 않다면 IPC 코드 전체를 사용하기보다 서브 클래스 4자리만 활용하는 것도 괜찮은 방법이다.

　서브 클래스 4자리만 활용한다는 의미는 거대한 도서관을 이용하는 것에 비유할 때 책이 꽂혀 있는 책장 정보까지는 알 수 없다 하더라도 적어도 해당 책장이 어느 공간에 위치하고 있는지 정도의 정보는 알 수 있는 상태라고 할 수 있다.

　정리하자면, 특허 검색 건수를 줄이고 정확도를 높이려면 IPC 코드를 활용해 기존 검색식을 수정해야 한다는 것이다. '타이어 펌프 내장형 자전거'라는 앞의 예를 계속해서 들어보면, 자전거와 안장에 대한 내용은 IPC 서브 클래스 B62J에 포함되므로 이와 관련된 키워드 세트는 다음과 같이 삭제해주는 것이 좋다.

(자전거+자전차+bike+bicycle)*(안장+seat+saddle+새들)*(포스트+파이프+관+튜브+로드+하우징+프레임+후레임+플레임+프레임+후래임+post+pipe+tube+rod+housing+frame)*(타이어+바퀴+튜브+쥬브+tire+tyre+tube)*(공기+바람+에어+air+gas)*(주입+펌핑+ 펌프+pump+inject+insert)

위와 같이 검색식을 수정하여 [자유검색(전문)] 필드에 입력하고
[IPC] 필드에 "B62J"를 입력한 후 [검색하기]를 클릭하면 [그림-8]
과 같은 검색 결과를 얻을 수 있다.

[그림-8] 키워드 세트 검색 결과

검색 결과가 줄었다.

Total 111 Articles (1/4 Pages) 〈 이전 1 2 3 4 다음 〉

등록 [1] 자전거 타이어용 공기주입 접속구(AIR INJECTION CONNECTOR FOR CICYCLE)

IPC : B620S 5/04 B62J 11/02 ....   출원인 : 조우형
출원번호 : 1020140022057   출원일자 : 2014.02.25
등록번호 : 1014103490000   등록일자 : 2014.06.16
공개번호 :   공개일자 :
대리인 : 오승건   발명자 : 조우형, 지현

소멸 [2] 자전거 타이어용 다기능 공기 주입장치(Multifunctional air injection device for bicycle tires)

IPC : B60S 5/04 B62J 11/02   출원인 : 윤세형
출원번호 : 2020140002175   출원일자 : 2014.03.19
등록번호 : 2004780910000   등록일자 : 2015.08.20
공개번호 :   공개일자 :
대리인 : 김충호   발명자 : 윤세형

등록 [3] 자전거의 안장 통합형 공기주입장치(Air Injecton Device Integrated into Bicycle Seat)

IPC : B62ㅓ 99/00 F04B 33/00 ....   출원인 : 동아대학교 산학협력단
출원번호 : 1020130153870   출원일자 : 2013.12.11
등록번호 : 1015235550000   등록일자 : 2015.05.21
공개번호 :   공개일자 :
대리인 : 오휘환   발명자 : 김경배, 강인국, 김연리, 윤보람, 안찬우

등록 [4] 핸들프레임에 공기주입장치가 내장된 자전거(Bicycle Included Air Pumping Device in the Handlebar)

상표 및 디자인 검색 방법

상표 및 디자인 검색을 하기 위해 적용되는 검색 연산자는 기본적으로 특허 검색에 사용되는 연산자와 동일하다. 단, 상표 및 디자인 검색에서는 인접배열 연산자를 제공하지 않는다.

상표 및 디자인 검색 방법도 특허의 경우처럼 해당하는 필드에 키워드를 입력하는 방법을 사용한다. 다만 주의할 것은 상표는 '류class' 구분이 명확하고, 유사군 코드에 따라서 등록 가능성이 달라지므로 검색 시 류와 유사군 코드를 적절히 사용해야 한다는 것이다.

연산유형		연산자	연산자 설명	입력예
논리 연산	AND	*	두 개 이상의 키워드를 모두 포함한 검색 결과를 출력한다.	자동차*엔진
	OR	+	두 개 이상의 키워드 중 적어도 하나를 포함한 검색 결과를 출력한다.	자동차+엔진
	NOT	!	! 연산자 뒤에 위치한 키워드를 포함하지 않는 검색 결과를 출력한다.	자동차*!엔진
	괄호	( )	복수의 단어를 묶어 논리 연산할 수 있으며 검색 연산 시 우선 순위를 가진다.	자동차*(엔진+모터)
구문 연산	구문	" "	공란이 포함되고 연속적으로 기재된 구문을 검색한다.	"자동차 엔진"
	인접 배열		제공되지 않음	

브랜드를
지켜주는
강력한 상표권

　브랜드 인지도에 목마른 스타트업과 중소기업들은 자신의 브랜드를 한 사람에게라도 더 알리기 위해 큰 마케팅 비용을 지불한다. 경쟁 입찰 방식의 키워드 광고부터 네이티브 광고, 그로스해킹, 오프라인 매체 광고에 이르기까지 큰 비용을 들여 한 사람이라도 더 자신의 제품이나 서비스를 인지하도록 필사적으로 노력하고 있다.

　그런데 만약 많은 노력을 기울여서 이제야 겨우 소비자들 사이에 브랜드가 인식되기 시작했는데, 하루아침에 못 쓰는 상황이 된다면 어떨까? 얼마나 황당하고 억울할지 상상해보는 것은 그리 어려운 일이 아니다. 그런 의미에서 지금부터 살펴볼 주제는 '브랜드를 지키는 상표권'에 관한 것이다. 몇 가지 사례를 통해 사업 초기 브랜드에 대한 상표권을 획득하는 것이 얼마나 중요한 일인지 느낄 수 있었으면 좋겠다.

먼저 출원한 사람에게 위협받은
티켓몬스터와 다방

티켓몬스터

대한민국 국민이라면 한 번쯤은 들어봤을 국내 최초의 소셜커머스 업체이자 믿기 어려울 정도로 빠르게 성장했고 외국 자본에 매각되었다가 다시 최초 창업자가 경영권을 되찾는 등 숱한 우여곡절을 겪은 기업이 있다. '㈜티켓몬스터'가 바로 그 주인공이다. ㈜티켓몬스터도 사업 초기에 엄청난 상표 분쟁을 겪은 바 있다.

2010년 2월에 설립되어 2010년 5월에 서비스를 오픈한 〈티켓몬스터〉는 물품이나 서비스 구매에 영향을 미치는 가격을 기존 대비 큰 폭으로 낮추는 혁신적인 모델로 시장에 소셜커머스 돌풍을 일으켰다. 그러나 서비스 오픈 후 몇 개월이 지나지 않아 상표 분쟁에 휘말렸고 일시적이긴 하지만 〈티켓몬스터〉의 이름이나 캐릭터를 포기하겠다는 슬픈 공지를 올리게 된다.

㈜티켓몬스터는 2010년 5월 10일에 〈티켓몬스터〉 서비스를 오픈했고 5월 25일에 상표를 출원했다. 하지만 이미 5월 11일(서비스 개시 하루 뒤!)에 발 빠른 누군가가 〈티켓몬스터〉 상표를 선점하고 말았다. 서비스를 오픈하기 전에 상표를 출원했다면 간단히 예방할 수 있는 문제인데, 아마도 서비스 오픈 후 2주라는 그 짧은 사이에 누군가가 상표를 먼저 출원할 것이라는 생각을 미처 하지 못했던 것 같다. 서비스를 오픈한 〈티켓몬스터〉에서 상표를 출원하기 전에 다른 제3자

[그림4-1] 티켓몬스터 상표 모양과 이름을 변경한다는 공지사항

가 〈티켓몬스터〉와 해당 캐릭터에 대한 상표를 먼저 출원한 것이다. 이처럼 상표권은 상표를 먼저 사용한 자가 아닌 상표 출원을 먼저 한 자에게 부여되는 것임을 명심해야 한다.

몇 개월 뒤 ㈜티켓몬스터는 합의에 의해 상표를 되찾아왔다. 합의 금액이 얼마인지는 정확히 발표되지 않았다. 하지만 출시 몇 개월만에 수백억 원의 매출을 달성한 기업을 상대로 상표를 선점한 상대방은 아마도 상당한 금액을 요구했을 것이라 추측된다.

다방

이와 유사한 사례는 부동산 플랫폼 분야에서도 발생한 적이 있다. 대표적인 부동산 플랫폼 어플리케이션인 〈다방〉을 운영하는 ㈜스테이션3과 〈직방〉을 운영하는 ㈜직방의 '다방' 상표권에 대한 분쟁이 그것이다. 구체적으로 〈직방〉 측은 2015년 등록상표 '다방(09류)' 상표권을 기반으로 경쟁업체인 〈다방〉 측에 상표권침해금지가처분 신청을 했다. 이에 맞서 〈다방〉 측은 〈직방〉 측에 '다방(제09류)' 상표권에 대하여 상표등록무효심판을 청구했다.

[그림4-2] '다방'의 상표권 분쟁

'다방'에 대한 상표권 분쟁이므로 〈다방〉 측인 ㈜스테이션이 제기한 분쟁으로 생각할 수 있으나, 놀랍게도 문제가 된 등록상표는 ㈜직방이 보유한 '다방(09류)' 상표권이다. [그림4-2]를 보면 '다방'의 상표 출원인이 ㈜직방인 것을 확인할 수 있다(상표권 분쟁 결과로 현재는 무효 상태). ㈜직방이 이와 같이 상표 등록을 받을 수 있었던 이유는 〈다방〉 측이 상표 출원할 때 부동산 관련 정보제공업에 대응하는 09류(컴퓨터소프트웨어)를 누락하여, 정작 서비스에 매칭되는 상품분류에 대한 상표 출원은 〈직방〉 측이 더 빨리 하였기 때문이다. 이처럼 상표권은 어떤 상품분류 및 지정상품을 기재하여 출원하는지도 굉장히 중요하다. 따라서 상표 출원 시에는 반드시 변리사 등의 전문가와 상담하여 사업에 정확히 매칭되는 상품분류를 결정하는 것이 바람직하다.

다시 분쟁 내용으로 돌아오면, 〈다방〉과 〈직방〉 간의 상표권침해금지가처분 소송은 대법원까지 이어졌으나 1심, 2심, 3심 모두 〈직방〉 측이 패소하였다. 이는 〈직방〉 측의 상표 등록 목적이 경쟁업체의 상표 사용 배제를 위한 것으로 인정되었기 때문이다. 〈다방〉 측이 제기한 상표등록무효심판은 1심에서는 기각되었으나 2심에서 1심 판결을 뒤집으며 상표권이 무효가 되어야 한다고 판결하였다. 이에 대하여 〈직방〉 측에서는 대법원에 상고를 제기하였으나 이후 상고를 취하하여 〈직방〉 측의 '다방(09류)' 상표권은 무효로 소멸되었다([그림 4-2] 참조).

결과적으로 〈다방〉 측이 승소하여 계속해서 '다방' 상표를 사용할 수 있게 되었으나, 그 과정에서 막대한 비용 및 시간을 낭비하였고, 〈직방〉 측은 상표권을 기반으로 경쟁업체 견제에 성공했다고 볼 수 있다.

〈티켓몬스터〉, 〈다방〉의 사례를 통해 확인한 바와 같이, 상표는 예외적인 경우를 제외하고는 먼저 출원한 사람이 해당 상표를 선점할 수 있는 권한이라서 특허청 입장에서도 '타인에 의한 선출원'을 거절하기 어려운 경우가 많다. 실제로 상표를 사용하고 있는지를 확인하는 미국과 달리 우리나라는 선점한 사람이 해당 상표를 실제로 사용하고 있는지 여부가 상표 출원 심사과정에서 거의 다루어지지 않기 때문이다.

이와 같은 폐해가 계속되면서 이를 보완하기 위한 「상표법」 개정이 이루어지긴 했지만(「상표법」 제34조 9, 11, 13, 20호), 어느 정도 시장에 알려진 상표 정도나 그 적용을 받을 수 있을 뿐 아직도 대다수의 상표들은 타인에 의한 상표 선점을 방어하기 어렵다. 따라서 스타트업, 중소기업으로 상표를 개발하는 과정에 있다면 반드시 서비스 오픈 전, 혹은 제품 출시 이전에 상표 출원을 할 것을 명심해야 한다.

> **제34조(상표 등록을 받을 수 없는 상표)** ① 제33조에도 불구하고 다음 각 호의 어느 하나에 해당하는 상표에 대해서는 상표 등록을 받을 수 없다. (⋯)
>
> 9. 타인의 상품을 표시하는 것이라고 수요자들에게 널리 인식되어 있는 상표(지리적 표시는 제외한다)와 동일·유사한 상표로서 그 타인의 상품과 동일·유사한 상품에 사용하는 상표
> 11. 수요자들에게 현저하게 인식되어있는 타인의 상품이나 영업과 혼동을 일으키게 하거나 그 식별력 또는 명성을 손상시킬 염려가 있는 상표
> 13. 국내 또는 외국의 수요자들에게 특정인의 상품을 표시하는 것이라고 인식되어있는 상표(지리적 표시는 제외한다)와 동일·유사한 상표로서 부당한 이익을 얻으려 하거나 그 특정인에게 손해를 입히려고 하는 등 부정한 목적으로 사용하는 상표
> 20. 동업·고용 등 계약관계나 업무상 거래관계 또는 그 밖의 관계를 통하여 타인이 사용하거나 사용을 준비 중인 상표임을 알면서 그 상표와 동일·유사한 상표를 동일·유사한 상품에 등록출원한 상표

특허청에 의해서 법률이 개정되고 조금이나마 방어책이 마련되었지만, 해당 제품이 일반 수요자에게 충분히 인식된 상표라고 주장하려면 이를 뒷받침할 만한 충분한 증거 자료가 필요하다. 게다가 얼마나 인식되어야 보호를 받을 수 있느냐의 문제는 어느 정도 주관이 개입될 수밖에 없기 때문에 사후적으로 '실제 상표 사용자'의 권리를 회복시켜주는 것은 결코 쉬운 일이 아니다. 또한 이미 상대에게 넘어가 등록까지 되어버린 상표권을 무효화시키기란 더더욱 어렵다. 무효심판을 청구해서 특허심판원, 특허법원, 대법원에 이르는 기나긴 법률 분쟁을 해야 할 뿐만 아니라 그 과정에서 시간과 자금이 상당히 소요되기 때문이다. 그러므로 서비스나 상품을 외부에 공개하기 전에 상표를 출원하는 것을 잊지 않도록 하자.

상표 불사용 취소심판으로 상표를 가져온 애니팡

국민 모바일 게임 〈애니팡〉을 출시했던 선데이토즈도 〈티켓몬스터〉와 유사한 상표 분쟁을 겪은 바 있다. 2012년 7월 30일 안드로이드 버전으로 〈애니팡〉이 출시되기 전, 이미 교육 애니메이션 콘텐츠 제작업체인 굳앤조이가 2002년 11월 〈Ani-Pang〉이라는 상표를 출원해서 상표권을 확보하고 있었던 것이다.

선데이토즈는 폭발적인 인기를 끌고 있는 〈애니팡〉의 상표권 확보가 절실한 상황이었다. 따라서 법정 소송은 불가피한 선택이었을 것이고, 이로 인한 상표 소유 분쟁이 2012년 9월부터 2016년 11월에 이르기까지 4년여에 걸쳐서 진행되었다. 소송의 결과는 어땠을까? 결론부터 말하자면 선데이토즈가 굿앤조이의 〈Ani-Pang〉 상표를 취소 및 무효화시키는 데 성공하여 〈애니팡〉 상표를 가져올 수 있었다.

[그림4-3] 선데이토즈 애니팡 vs 굿앤조이 애니팡

한때 카톡에 초대 메시지 폭탄 사례를 불러왔던 선데이토즈의 애니팡과
교육 애니메이션 콘텐츠 업체인 굿앤조이의 애니팡

〈티켓몬스터〉 사례와 달리, 〈애니팡〉 분쟁은 합의 없이 대법원 상고심까지 가는 법적 절차로 진행되었는데, 이는 상대방인 굿앤조이 측에서 상표를 등록해놓고 초기에만 상표를 사용하다가 일정 시기 이후로는 〈Ani-Pang〉 상표를 사용하지 않았기 때문이다.

「상표법」 제119조에 따르면, 상표 등록을 받아놓고 3년 이상 연속으로 사용하지 않을 경우 '불사용 취소심판'을 통해 등록상표의 취소를 청구할 수 있다. 이 부분이 특허 제도와 상표 제도의 가장 큰 차이점 중 하나이다.

> **제119조(상표 등록의 취소심판)** ① 등록상표가 다음 각 호의 어느 하나에 해당하는 경우에는 그 상표 등록의 취소심판을 청구할 수 있다. (…)
> 3. 상표권자·전용사용권자 또는 통상사용권자 중 어느 누구도 정당한 이유 없이 등록상표를 그 지정상품에 대하여 취소심판청구일 전 계속하여 3년 이상 국내에서 사용하고 있지 아니한 경우

대박게임 하나로 코스닥 상장까지 이루어낸 선데이토즈 정도의 회사니까 기나긴 상표분쟁 과정에서 소요된 비용과 시간을 감당할 수 있었을 것이다. 만약 자금 사정 빠듯한 초기 스타트업이 이러한 분쟁에 휘말린다면? 애초에 포기하거나 중도에 포기하거나이다. 작게는 수천만 원에서 많게는 수억 원이 소요되는 심판과 장기간 소송을 진행한다는 것은 웬만한 기업에게도 쉽지 않은 일이다.

앞서 언급한 바와 같이, 이러한 피해를 최소화하는 가장 최선의 방법은 처음부터 이러한 분쟁이 발생하지 않도록 예방하는 것뿐이다.

상표권은 콘텐츠 기반의 스타트업과 기업들에게는 특히 더 중요하다. 누구라도 콘텐츠를 쉽게 만들어낼 수 있는 현재와 같은 시장 상황에서 콘텐츠의 퀄리티만큼 중요한 것이 바로 '콘텐츠의 브랜딩'인데, 브랜드를 확보하지 못하거나 브랜드를 중간에 변경해야 한다면 그 피해는 상상할 수도 없을 만큼 클 것이기 때문이다. 그러므로 아무리 해야 할 일이 많고 해결해야 할 문제가 산더미처럼 쌓여 있다고 하더라도 상표권 획득에 대한 지식과 업무만큼은 놓치지 말고 챙겨야 한

다. 전문가의 도움을 받아 상표권에 대한 최소한의 조언만 들어도 앞으로 다가올지 모르는 난관을 현명하게 헤쳐나갈 수 있다.

뽀로로 뒤엔 든든한 상표권이 있다

〈뽀로로〉란 세 글자를 대한민국에서 독점적으로 사용할 수 있다면 그 가치가 과연 얼마나 될까? 다들 〈뽀로로〉 캐릭터의 주인공이 되고 싶으면서도, 그리고 그 브랜드의 파급력에 감탄을 하면서도 〈뽀로로〉를 독점적으로 사용할 수 있는 권리인 '상표권'에 대해서는 잘 알지 못한다.

[그림4-4]에 제시된 뽀로로 상표권들이 보여주듯이 '캐릭터 라이센싱'을 하려면 상표권을 가지고 있어야 한다. 상표권은 브랜드를 보호하는 그릇이라서 어찌 보면 기술을 보호하는 그릇인 특허보다 더 중요한 경우가 많다. 아무리 인공지능 기술을 동원하여 〈뽀로로〉 캐릭터 모양의 로봇을 만들었다고 하더라도 〈뽀로로〉 상표권자의 허락(라이센싱)을 받지 못하면 그 로봇 사업은 할 수가 없다.

상표 출원에 소요되는 비용은 특허 출원에 비하면 얼마되지 않는 수준이다. 하지만 등록된 상표권의 가치는 상상을 초월하는 경우가 많다. 시장에서 소비자들의 '신뢰'는 결국 '상표권'에 쌓인다. 사업을 하는 사람이 반드시 상표권에 신경을 써야 하는 이유이다.

[그림4-4] 상품 분류별로 등록되어 보호받고 있는 뽀로로 캐릭터

[3] 뽀롱뽀롱 뽀로로 P PORORO

상품분류 : 03
출원(국제등록)번호
4020090046119
등록번호 : 4008460060000
출원공고번호 : 4020100039520
도형코드 : 030708 030724 090725

출원인 : 주식회사 아이코닉스 주식회사 오콘 에스케이
: 브로드밴드주식회사
출원(국제등록)일자 : 2009.09.21
등록일자 : 2010.12.10
출원공고일자 : 2010.07.30
대리인 : 김형찬

[4] 뽀롱뽀롱 뽀로로 P PORORO

상품분류 : 41 43
출원(국제등록)번호
4020090022296
등록번호 : 4102079600000
출원공고번호 : 4120100058509
도형코드 : 030708 030724 090725

출원인 : 에스케이브로드밴드주식회사 주식회사 아이
: 코닉스 주식회사 오콘
출원(국제등록)일자 : 2009.09.21
등록일자 : 2010.03.11
출원공고일자 : 2010.11.08
대리인 : 김형찬

[5] 뽀롱뽀롱 뽀로로 P PORORO

상품분류 : 29
출원(국제등록)번호
4020090046131
등록번호 : 4008460480000
출원공고번호 : 4020100039523
도형코드 : 030708 030724 090725

출원인 : 주식회사 아이코닉스 에스케이브로드밴드주
: 식회사 주식회사 오콘
출원(국제등록)일자 : 2009.09.21
등록일자 : 2010.12.10
출원공고일자 : 2010.07.30
대리인 : 김형찬

5강

상표권
어떻게 출원하고
등록해야 하나

　상표권 획득의 중요성을 이제는 어느 정도 느꼈을 것이다. 하지만 사업을 하다 보면 또 다시 시간이 없고 어렵다는 이유로 상표권을 획득하는 것을 미루는 경우가 많다. 그러나 등록되지 않은 상표는 '아무나 쓸 수 있는' 브랜드로 전락한다는 사실을 명심하자. 얼마만큼 그 브랜드를 만드느라 고생을 했던지 간에.

　상표에 관한 상담을 했을 때 출원인들이 가장 많이 놀라는 부분 중 하나가 상표 출원에서 등록까지 걸리는 시간이 약 8개월 내지 10개월이라는 점이다. 도메인 등록처럼 상표도 간단히 등록되는 것이라 생각하여 '오래 걸려도 1개월이면 충분하겠지'라고 짐작한 탓이다. 물론 일정한 조건 하에서 2~3개월 만에 빨리 심사를 받을 수 있는 '우선심사'라는 제도가 있긴 하지만, 남들보다 빨리 등록을 받으려면 급행료를 내야 한다.

상표 출원에서 등록까지
어떤 일들이 생길까

상표는 신청한다고 바로 등록되는 것이 아니다. 각 산업 분야마다 배정된 심사관이 보통 30개에 달하는 상표 등록요건을 심사하기 때문에 오래 걸릴 수밖에 없다. 따라서 해당 상표를 먼저 사용하고 있다거나, 상표 출원을 했다고 해서 그 단어 또는 로고에 대한 독점사용권이 저절로 발생하는 것이 아니라는 점을 분명히 인지하고, 브랜드를 개발할 때부터 '상표 전략'을 세우도록 해야 한다. 상표권을 얻기까지는 다음과 같은 과정을 거친다.

1. 우선 출원인이 특허청에 상표 출원서를 제출한다. 이 과정은 여러 가지 문서제출 소프트웨어를 설치해야 하고 행정적인 절차가 복잡하기 때문에 보통은 변리사 사무실에 대행을 맡기는 편이 낫다.

2. 출원된 상표의 식별력 존재여부 및 유사한 상표가 이미 존재하는지 여부 등에 대해서 심사관이 심사를 진행한다. 보통 8개월 이상 소요되며 우선심사를 신청할 경우 2~3개월로 단축된다.

3. 거절이유가 없는 경우 심사관은 출원공고 결정을 한다. 한편 거절이유가 발견되면 출원인 또는 변리사에게 의견서 제출통지(거절이유통지)를 하게 되며, 심사관의 거절이유를 극복할 정도로 '의견서'를 작성하

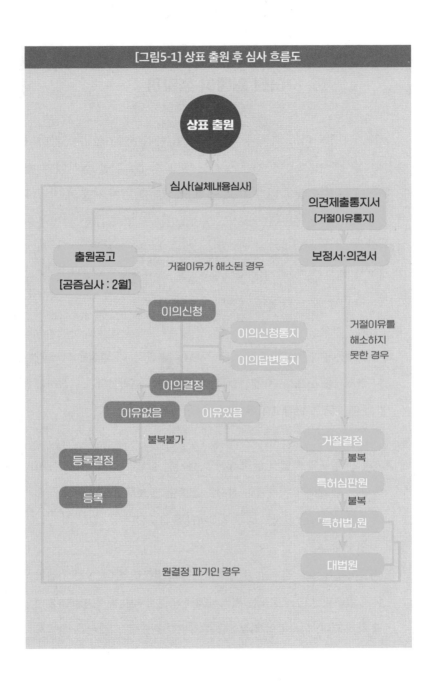

[그림5-1] 상표 출원 후 심사 흐름도

여 보내면 심사관은 기존의 거절이유통지를 철회하고 등록결정을 하게 된다. 출원되는 상표들의 약 30%는 이러한 '의견제출통지서'를 받는데, 사전에 등록가능성이 높은지 여부를 판단하고 사건을 진행해주는 실력 있는 변리사를 만나야 의견서 제출통지를 피할 수 있다.

4. 출원공고 결정이 이루어지면 2개월의 기간을 두어 경쟁사들이 이의신청을 할 수 있는 기회를 준다. 2개월을 조용히 넘겨 이의신청이 없으면 심사관은 등록결정을 하게 되고, 출원인에 등록료를 납부하면 상표 등록증이 발급된다. 이후 10년간은 상표 등록 유지를 위한 비용을 납부할 필요가 없으나, 이후에는 10년마다 한 번씩 등록료를 납부해야 상표권을 유지할 수 있다.

5. 만약 3의 과정에서 의견서 제출로도 극복을 못하거나 4의 과정에서 이의신청을 받게 되어 다시 심사를 받고, 그 결과 최종적으로 거절결정을 받으면 출원인은 특허심판원이라는 곳에서 거절결정불복심판을 제기하여 다시 한 번 다투어 볼 수 있다. 심판을 청구하지 않으면 거절결정이 확정된다. 심판결과에 대해서 다시 불복하고자 하는 경우 고등법원 급인 특허법원(2심)에서 다툴 수 있으며 특허법원의 결과가 또 마음에 들지 않으면 대법원에서 마지막으로 다투어볼 수 있다.

상표로 등록될 수 있는 것들

상표는 도메인과 달리 '사용하고자 하는 상표(브랜드)'와 '지정상품(카테고리)을 정해야 한다. 「상표법」 제2조에 따르면 "상표란 나와 타인의 상품 또는 서비스를 식별(구별)하기 위한 표장Mark"이라고 정의되어있다.

제2조(정의) ① 이 법에서 사용하는 용어의 뜻은 다음과 같다.
1. "상표"란 자기의 상품(지리적 표시가 사용되는 상품의 경우를 제외하고는 서비스 또는 서비스의 제공에 관련된 물건을 포함한다. 이하 같다)과 타인의 상품을 식별하기 위하여 사용하는 표장(標章)을 말한다.
2. "표장"이란 기호, 문자, 도형, 소리, 냄새, 입체적 형상, 홀로그램·동

[그림5-2] 소리상표의 예

[1] [상표명 정보 없음]

상품분류 : 09
출원(국제등록)번호 : 4020120021743
등록번호 : 4010266540000
출원공고번호 : 4020130103697
도형코드 : 980100
최종권리자 : 에스케이텔레콤주식회사

출원인 : 에스케이텔레콤주식회사
출원(국제등록)일자 : 2012.03.30
등록일자 : 2014.03.07
출원공고일자 : 2013.11.04
대리인 : 특허법인태평양

[1] 카톡왔숑

상품분류 : 09 38
출원(국제등록)번호 : 4020190039883
등록번호 : 4015658270000
출원공고번호 : 4020190117459
도형코드 : 980100
최종권리자 : 주식회사 카카오

출원인 : 주식회사 카카오
출원(국제등록)일자 : 2019.03.15
등록일자 : 2020.01.17
출원공고일자 : 2019.10.22
대리인 : 김종수, 정창영

[1] 쌩뚱맞죠

상품분류 : 35 41
출원(국제등록)번호 : 4020160116217
등록번호 : 401304490000
출원공고번호 : 4020170084892
도형코드 : 980100
최종권리자 : 정찬우, 김태균

출원인 : 정찬우, 김태균
출원(국제등록)일자 : 2016.12.21
등록일자 : 2017.11.16
출원공고일자 : 2017.08.22
대리인 : 이대호, 박건홍, 조민정

작 또는 색채 등으로서 그 구성이나 표현방식에 상관없이 상품의 출처(出處)를 나타내기 위하여 사용하는 모든 표시를 말한다.

상표로 등록받을 수 있는 주된 형태는 기본적으로 한글, 영문, 외국어, 한자와 같은 문자와 도형, 색채, 로고 등 시각적으로 표현되는 것

[그림5-3] SKT의 소리상표

등록 [1] (상표권 정보 없음)

상품분류 : 35
출원(국제등록)번호 : 4120120011‥
등록번호 : 4102825510000
출원공고번호 : 4120130103699
도형코드 : 980100

출원인 : 에스케이텔레콤 주식회사
출원(국제등록)일자 : 2012.03.30
등록일자 : 2014.03.07
출원공고일자 : 2013.11.04
대리인 : 특허법인태평양

등록 [2] (상표권 정보 없음)

상품분류 : 09
출원(국제등록)번호 : 4020120021‥
등록번호 : 4010266540000
출원공고번호 : 4020130103697
도형코드 : 980100

출원인 : 에스케이텔레콤 주식회사
출원(국제등록)일자 : 2012.03.30
등록일자 : 2014.03.07
출원공고일자 : 2013.11.04
대리인 : 특허법인태평양

[그림5-4] 문양으로 상표권을 획득한 예

등록 [129] (상표명 정보 없음)

상품분류 : 18 09 25
출원(국제등록)번호 : 4020150094‥
등록번호 : 4012103960000
출원공고번호 : 4020160071439
도형코드 : 040521 050504

출원인 : 주식회사 아트쉐어
출원(국제등록)일자 : 2015.12.21
등록일자 : 2016.10.20
출원공고일자 : 2016.07.07
대리인 : 유철현

등록 [130] (상표명 정보 없음)

상품분류 : 18 09 25
출원(국제등록)번호 : 4020150094‥
등록번호 : 4012103970000
출원공고번호 : 4020160069558
도형코드 : 030707 030724

출원인 : 주식회사 아트쉐어
출원(국제등록)일자 : 2015.12.21
등록일자 : 2016.10.20
출원공고일자 : 2016.07.04
대리인 : 유철현

들이다. 3차원적인 입체 상표도 등록이 가능하며 움직이는 화면이나 홀로그램 같은 동적인 형태도 상표로 등록할 수 있다. 최근에는 이러한 시각적인 한계를 넘어 소리나 냄새도 상표로 등록되고 있다. 통신사인 SKT에서 통화연결음과 TV 광고에서 사용하고 있는 '생각대로 T~'라는 음성은 해당 멜로디만 들어도 SKT를 생각할 수 있을 정도로 우리나라 국민에게 인식된 덕분에 소리상표로 등록될 수 있었다.

이 밖에도 LG전자의 '사랑해요 LG' 효과음, SK텔레콤의 '떵떵띠링떵', 카카오의 '카톡'과 '카톡왔숑', 보령제약㈜의 '이 소리가 아닙니다', '이 소리도 아닙니다' 등도 소리상표로 등록되었다. 또한 연예인들의 유행어도 소리상표로 등록될 수 있는데, 개그맨 김준호의 '케어해 주쟈나', 김대희 '밥 묵자', 컬투(정찬우, 김태균)의 '그때그때 달~라~요', '쌩뚱맞죠' 등의 유행어도 소리상표로 등록될 수 있었다.

상품의 류를 선택하기

출원할 상표를 결정했다면 다음으로는 당신이 사용하고자 하는 지정상품(지정 서비스업)을 정해야 한다. 지정상품은 법적으로 지정된 상품의 류 구분에서 선택하면 되는데, 현재 상품은 1류에서 34류까지, 서비스업은 35류에서 45류까지 총 45개의 류로 구분되어있다([표5-1], [표5-2] 참조).

상표 출원은 류에 따라 각각 이루어진다. 따라서 동일한 '표장'을 사용한다고 하더라도, 류가 달라지는 경우 각각 상표를 출원해야 한다. 이 부분이 도메인과 가장 큰 차이점으로 이미 동일한 표장을 가

류 구분	설명
[표5-1] 상품류 구분	
제1류	공업용, 과학용, 사진용, 농업용, 원예용 및 임업용 화학제; 미가공 인조수지, 미가공 플라스틱; 비료; 소화제[消火劑]; 조질제[調質劑] 및 땜납용 조제; 식품보존제; 무두질제; 공업용 접착제
제2류	페인트, 니스, 래커; 방청제 및 목재보존제; 착색제; 매염제[媒染劑]; 미가공 천연수지; 도장용, 장식용, 인쇄용 및 미술용 금속박[箔]과 금속분[粉]
제3류	표백제 및 기타 세탁용 제제; 청정, 광택 및 연마재; 비누; 향료, 정유[精油], 화장품, 모발로션; 치약
제4류	공업용 유[油] 및 그리스[Grease]; 윤활유; 먼지흡수제, 먼지습윤제 및 먼지흡착제; 연료{자동차휘발유를 포함한다}; 발광체; 조명용 양초 및 심지
제5류	약제 및 수의과용 약제; 의료용 위생제; 의료용 또는 수의과용 식이요법식품 및 식이요법제, 유아용 식품; 인체용 또는 동물용 식이보충제; 깁스 및 연고류; 치과용 충전재료 및 치과용 왁스; 소독제; 유해동물 구제제; 살균제, 제초제
제6류	일반금속 및 그 합금; 금속제 건축재료; 이동식 금속제 건축물; 철도노선용 금속재료; 일반금속제 케이블 및 와이어{전기용은 제외한다}; 철제품, 소형금속제품; 금속관; 금고; 다른 류에 속하지 아니하는 일반금속제품; 광석
제7류	기계 및 공작기계; 모터 및 엔진{육상차량용은 제외한다}; 기계연결기 및 전동장치의 구성부품{육상차량용은 제외한다}; 농업용 기구{수동식은 제외한다}; 부란기[孵卵器]; 자동판매기
제8류	수공구 및 수동기구; 칼붙이류; 휴대용 무기; 면도칼
제9류	과학, 항해, 측량, 사진, 영화, 광학, 계량, 측정, 신호, 검사[감시], 구명 및 교육용 기기; 전기의 전도, 전환, 변형, 축적, 조절 또는 통제를 위한 기기; 음향 또는 영상의 기록용, 송신용 또는 재생용 장치; 자기 정보기억 매체 및 녹음반; CD, DVD 및 기타 디지털 기록매체; 동전작동식 기계장치; 금전등록기, 계산기, 정보처리장치, 컴퓨터; 컴퓨터 소프트웨어; 소화기[消火器]
제10류	외과용, 내과용, 치과용 및 수의과용 기계기구, 의지[義肢], 의안[義眼], 의치[義齒]; 정형외과용품; 봉합용 재료
제11류	조명용, 가열용, 증기발생용, 조리용, 냉각용, 건조용, 환기용, 급수용 및 위생용 장치
제12류	수송기계기구; 육상, 공중 또는 수상이동장치
제13류	화기[火器]; 총포탄 및 발사체; 화약류; 불꽃

류 구분	설명
제14류	귀금속 및 그 합금과 귀금속제품 또는 귀금속도금제품{다른 류에 속하는 것은 제외한다}; 보석류, 귀석(貴石); 시계용구
제15류	악기
제16류	종이, 판지 및 종이나 판지제품으로서 다른 류에 속하지 않는 것; 인쇄물; 제본용 재료; 사진; 문방구용품; 문방구 또는 가정용 접착제; 미술용 재료; 화필(畵筆) 및 도장용 붓; 타자기 및 사무용품{가구는 제외}; 교육용 재료{장치는 제외}; 포장용 플라스틱 재료{다른 류에 속하는 것은 제외}; 인쇄용 활자; 프린팅 블록
제17류	고무, 구타페르카, 고무액(Gum), 석면, 운모 및 이들의 제품{다른 류에 속하는 것은 제외한다}; 제조용 압출성형플라스틱; 충전용, 마개용 및 절연용 재료; 비금속제 신축관
제18류	가죽과 모조 가죽 및 그 제품{다른 류에 속하는 것은 제외한다}; 동물가죽(獸皮); 트렁크 및 여행용 가방; 우산과 양산; 지팡이; 채찍; 마구(馬具)
제19류	비금속제 건축재료; 건축용 비금속제 경질관(硬質管); 아스팔트, 피치 및 역청; 비금속제 이동식 건축물; 비금속제 기념물
제20류	가구, 거울, 액자; 목재, 코르크, 갈대, 등나무, 고리버들, 뿔, 상아, 고래수염, 조개 껍질, 뼈, 호박(琥珀), 진주모(珍珠母), 해포석(海泡石)을 재료로 하는 제품과 이들 재료의 대용품 또는 플라스틱 제품{다른 류에 속하는 것은 제외한다}
제21류	가정용 또는 주방용 기구 및 용기; 빗 및 스펀지; 솔{회화용과 도장용은 제외한다}; 솔 제조용 재료; 청소용구; 강철 울(Steel wool); 미가공 또는 반가공 유리{건축용은 제외한다}; 유리제품, 도자기제품 및 토기제품{다른 류에 속하는 것은 제외한다}
제22류	로프, 끈, 망, 텐트, 차양막, 타폴린, 돛, 포대{다른 류에 속하는 것은 제외한다}; 충전용 재료{고무제 또는 플라스틱제는 제외한다}; 직물용 미가공 섬유
제23류	직물용 실(絲)
제24류	직물 및 직물제품{다른 류에 속하는 것은 제외한다}; 침대커버; 테이블커버
제25류	의류, 신발, 모자
제26류	레이스 및 자수포, 리본 및 브레이드(Braid); 단추, 훅 및 아이(Hooks and eyes), 핀 및 바늘; 조화(造花)
제27류	카펫, 융단, 매트, 리놀륨 및 기타 바닥깔개용 재료; 비직물제 벽걸이
제28류	오락 및 놀이용구; 체조용품 및 운동용품{다른 류에 속하는 것은 제외한다}; 크리스마스트리용 장식품

류 구분	설 명
제29류	육류, 어류, 가금 및 수렵대상이 되는 조수[鳥獸]; 육[肉]즙; 절임, 조림, 냉동, 건조 및 조리된 과실과 채소; 젤리, 잼, 설탕에 절인 과실; 계란, 우유 및 그 밖의 유제품; 식용 유지[油脂]
제30류	커피, 차[茶], 코코아와 대용커피, 쌀, 타피오카와 사고[Sago], 곡분[穀粉] 및 곡물조제품, 빵, 과자, 빙과; 설탕, 꿀, 당밀[糖蜜]; 효모, 베이킹파우더; 소금; 겨자; 식초, 소스[조미료]; 향신료; 얼음
제31류	곡물과 농업, 원예 및 임업 생산물[다른 류에 속하는 것은 제외한다]; 살아 있는 동물; 신선한[가공하지 않은] 과실 및 채소; 종자, 자연식물 및 꽃; 사료; 맥아
제32류	맥주; 광천수, 탄산수 및 기타 무주정[無酒精]음료; 과실음료 및 과실주스; 시럽 및 기타 음료용 조제품[調製品]
제33류	알콜 음료[맥주는 제외한다]
제34류	담배; 흡연용품; 성냥

[표5-2] 서비스군 구분

류 구분	설 명
제35류	광고업; 기업관리업; 기업경영업; 사무처리업
제36류	보험업; 재무업; 금융업; 부동산업
제37류	건축물건설업; 수선업; 설치서비스업
제38류	통신업; 방송업
제39류	운송업; 물품의 포장 및 보관업; 여행대행업
제40류	재료처리업
제41류	교육업; 훈련제공업; 연예업; 스포츠 및 문화활동업
제42류	과학적, 기술적 서비스업 및 관련 연구, 디자인업; 산업분석 및 연구 서비스업; 컴퓨터 하드웨어 및 소프트웨어의 디자인 및 개발업
제43류	음식료품을 제공하는 서비스업, 임시숙박업
제44류	의료서비스업; 수의사업; 인간 또는 동물을 위한 위생 및 미용업; 농업, 원예 및 임업 서비스
제45류	법무서비스업; 재산 및 개인을 보호하기 위한 보안서비스업; 개인의 수요를 충족시키기 위해 타인에 의해 제공되는 사적인 또는 사회적인 서비스업

진 선행 상표가 존재하더라도 지정상품의 류가 상당히 다르면 상표 등록이 가능할 수도 있다.

비즈니스 양상이 복잡해지면서 특허청에서 정해놓은 류 및 지정상품과 실제 사업이 잘 맞지 않는 경우가 많아지고 있다. 따라서 상표 출원 시에 지정상품을 제대로 정하지 않으면 상표 출원을 '헛수고'로 만들 가능성이 높다. 사용하지도 않을 영역에 상표를 등록하는 것은 괜한 노력과 비용을 낭비하는 일이므로 반드시 전문가의 의견을 듣고 진행하도록 하자.

상표 출원과 등록, 이것만은 알아두자

우리나라는 특허청에 먼저 상표 출원하여 등록받은 사람에게 권리를 인정해주는 '선출원주의'를 채택하고 있다. 따라서 '동일하거나 유사한 상표'가 '동일하거나 유사한 지정상품'에 이미 출원 또는 등록되어있을 때는 그 상표를 사용하거나 등록 받을 수 없다. 상표의 역할 자체가 특정인(사업체)의 상품이나 서비스 출처를 나타내는 것이라서 (완전히 동일하지 않더라도) 유사한 상표들이 함께 사용되면 일반 수요자들에게 혼란을 일으킬 수 있기 때문이다.

브랜드 네이밍 컨설팅 회사들 중에 이러한 표장의 유사판단을 잘 하지 못하는 경우가 있는데, 아무리 멋진 브랜드를 만들었다고 해도 먼저 출원된 비슷한 상표가 존재할 경우 상표권을 인정받을 수 없고 이는 곧 '아무나 쓸 수 있는 브랜드'가 되어버린다는 점을 명심해야할 것이다. 가장 좋은 방법은 브랜드를 설계할 때부터 변리사를 참여시키는 것이며, 이것이 쉽지 않다면 다섯 개 정도의 후보를 만들어 등록 가능성 여부를 변리사에게 의뢰하는 방법도 있다. 상표가 유사한지 여부는 대단히 어려운 '주관적 판단'이고 등록과정에서 심사관이 판단하는 일이지만, 「상표법」 판례를 잘 알고 있는 변리사들 또한어느 정도 상표의 유사 여부에 대한 기준을 가지고 있기 때문이다.

상표의 유사 여부는 비교가 되는 두 상표의 '외관/칭호/관념'을 객관적이고 전체적으로 관찰하는데, 두 상표의 '외관/호칭/관념' 중 어느 하나라도 유사하고 해당 상표가 일반 수요자로 하여금 그 상품이나 서비스의 출처를 오인할 수 있다면 유사상표로 판단될 수 있다. 일반적으로 상표의 유사 여부 판단에는 '호칭'이 가장 중요한 기준으로작용하지만, 의도적으로 선등록상표와 '외관'을 유사하게 하거나 '관념'을 비슷하게 하는 경우에도 등록이 불가능하다.

상표권의 존속기간은 설정등록이 있는 날로부터 10년이다. 하지만 상표권의 존속기간갱신 등록출원에 의하여 10년씩 그 기간을 갱신할 수 있으므로 반영구적인 효력을 갖는다고 할 수 있다. 상표권의 존속기간을 갱신하려면 상표권의 존속기간 만료 1년 이내에 상표권 존속기간갱신 등록신청을 하여야 한다. 존속기간이 만료된 후라도 6개월이 경과하기 전에는 상표권의 존속기간갱신 등록출원을 할 수있다. 단, 과태료 개념의 추가금액을 납부해야 한다.

상표 등록 후 달라지는 것

상표가 등록되면 상표권자는 적극적으로 지정상품에 관하여 독점권과 금지권을 행사할 수 있다.

독점권이란 등록상표를 사용할 권리를 독점하는 권리를 말하며, 금지권이란 타인이 등록상표와 동일 또는 유사한 상표를 사용하는 경우 그 사용을 금지할 수 있는 권리를 말한다. 아울러 타인이 상표권자인 당신의 상표권을 침해하는 경우 그 자를 상대로 하여 침해금지청구권 · 손해배상청구권 등을 행사할 수 있다.

등록상표와 동일하거나 유사한 상표를 그 지정상품과 동일 또는 유사한 상품에 사용하는 경우는 물론, 등록상표와 동일하거나 유사한 상표를 그 지정상품과 동일 또는 유사한 상품에 사용할 목적이나 사용하게 할 목적으로 교부·판매·위조·모조 또는 소지하는 행위인 예비적 행위도 상표권을 침해하는 것으로 본다(「상표법」 제108조). 따라서 위조상품을 유통하는 온라인 쇼핑몰이나 슈퍼마켓도 상표 침해자로 피소당할 수 있는 여지가 충분하다고 봐야 한다.

> **제108조 (침해로 보는 행위)** ① 다음 각 호의 어느 하나에 해당하는 행위는 상표권(지리적 표시 단체표장권은 제외한다) 또는 전용사용권을 침해한 것으로 본다.
> 1. 타인의 등록상표와 동일한 상표를 그 지정상품과 유사한 상품에 사용하거나 타인의 등록상표와 유사한 상표를 그 지정상품과 동일·유사한 상품에 사용하는 행위
> 2. 타인의 등록상표와 동일·유사한 상표를 그 지정상품과 동일·유사

한 상품에 사용하거나 사용하게 할 목적으로 교부·판매·위조·모조
또는 소지하는 행위
3. 타인의 등록상표를 위조 또는 모조하거나 위조 또는 모조하게 할
목적으로 그 용구를 제작·교부·판매 또는 소지하는 행위
4. 타인의 등록상표 또는 이와 유사한 상표가 표시된 지정상품과 동
일·유사한 상품을 양도 또는 인도하기 위하여 소지하는 행위

상표권은 특허권보다 형사적으로 강력한 힘을 가진다. 특허권이
침해당할 경우 특허권자가 피해를 입는다. 하지만 이는 사적인 영역
에서의 재산권 침해이기 때문에 사회적 피해가 직접적이지는 않다.
반면 상표권이 침해당해서 '짝퉁'이 유통 · 판매되면 상표권을 도용
당한 기업(상표권자)도 피해를 입지만 일반 소비자들도 피해를 입기
때문에 직접적인 사회 문제가 된다. 이런 이유로 검찰청은 고소가 없
어도 상표 침해자를 형사적으로 수사할 수 있고 상표권자가 고소를
취하하더라도 수사가 계속되는 것이다.

상표권은 '유사' 판단에 의해서 이루어지므로 침해 사실이 확인되
면 특허권 침해사건에 비해서 매우 빠르게 진행된다. 민사적 구제방
법으로는 '침해금지청구권/손해배상청구권/가처분/가압류/신용회복
조치 청구' 등이 있으며, 이 중 '가처분 소송'은 상표권자의 사업에 즉
각적인 효과가 있는 방법이다. 확정 판결이 있을 때까지 방치하면 권
리자가 현저한 손해를 입거나 목적을 달성하기 어려운 경우 잠정적
으로 임시조치를 하는 보전 제도이기 때문이다. 가처분을 신청하면
바로 처분행위가 금지되는 효과를 보게 된다.

형사적 구제방법으로는 '침해죄/몰수' 등이 있는데, 예전에 동대

문과 이태원에서 짝퉁 상품을 만들어서 팔던 분들이 이러한 규정에 의해 많이 구속되었다. 비즈니스에서 이보다 강력한 경쟁자 제압 수단은 찾아보기 힘들다.

마지막으로 행정적 구제가 있는데, '위조상품의 단속/세관에 의한 국경조치/산업재산권 분쟁조정제도' 등이 있다. 행정적 구제는 민형사적 방법으로 처리하는 것보다 빠르기 때문에 상표권자에게 아주 유리한 제도라고 하겠다.

6강

뇌리에 박히는
브랜드
네이밍의 기술

　기업에게는 '언제나' 충분한 시간이 주어지지 않는다. 단 10초 안에 고객의 뇌리에 자신의 존재를 새겨야 한다.

　창업가들에게 항상 어려운 부분이 바로 '네이밍'이다. 100만 개의 앱 중에 고객의 선택을 받아야 하고, 운 좋게 고객의 스마트폰에 설치가 되었다고 하더라도 이미 고객의 스마트폰에 설치된 수십, 수백 개의 앱 중에서 기억이 되려면 무언가 특별한 전략이 필요하다. 고객이 기억하지 못해 앱드로어(어플서랍)에서 잠자고 있는 앱은 결코 수익을 창출할 수 없다. 아무리 훌륭한 서비스 모델이라도 기억되지 못한다면 비지니스는 시작되지 않는다.

　다시 말해 다운로드 수나 회원가입자 수가 중요한 것이 아니라 그들이 당신의 서비스를 '기억'하고 당신의 서비스에 '접근'하도록 하는 것이 중요하며, 그 힘은 바로 잘 만든 '이름'에서 나온다는 것이다.

그러므로 '무언가 특별한 전략'이란 바로 당신이 만든 제품 혹은 서비스의 네이밍에서부터 시작해야 한다. 실례로 〈야후〉가 아직까지 살아남은 이유는 사람들이 기억하기 쉬운 성공적인 브랜드이기 때문이며, 〈배달의 민족〉 또한 네이밍의 덕을 톡톡히 본 예라고 할 수 있다.

고객이 스타트업 또는 스타트업이 제공하는 서비스의 이름을 외우기 어렵다면 그들의 서비스는 확산되기 어렵다. 당신의 서비스를 한 문장으로 설명하라고? 아니다. 한 단어로 설명해야 한다. 그것이 네이밍이다.

기억하기 쉬운 이름을 만드는 5가지 노하우

하루에도 수많은 투자요청 제안을 받는 투자자들(정확히는 투자심사역)의 머릿속에 남을 만한 이름을 보유한 스타트업은 경쟁자들에 비해 절대적으로 유리할 수밖에 없다. 순간이 모든 것을 결정하는 엘리베이터 피치 과정에서 듣는 사람(투자자)의 호기심을 이끌어내는 이름은 결국 상대의 머릿속에 나의 브랜드를 기억시켜 성장의 초석을 마련한 것이라 봐도 과언이 아니다.

그렇다면 기억하기 쉬운 이름을 만드는 방법이나 노하우는 없을까? 모든 경우에 다 들어맞는 것은 아닐지라도 잘된 브랜드를 보면 어느 정도 공통점이 보이기 마련이다. 이를 다섯 가지로 정리해보았다.

서비스가 연상되는 신조어를 만들자

1996년 래리 페이지Larry Page와 세르게이 브린Sergey Bri은 '페이지랭크' 라는 검색 기술을 개발했고, 사이트로 연결되는 백링크를 따져 웹사이트의 중요도를 결정하도록 한 이 검색 기술은 〈구글〉의 기술적 성장 기반이 되었다.

하지만 정작 이들이 스타트업이었을 때 이들이 수행한 엘리베이터 피치elevator pitch에서 투자자가 기억한 것은 복잡한 기술적 알고리즘이 아니라 Google이라는 이름과 이들이 제시한 비전이었다. 10의 100 제곱을 뜻하는 수학 용어 구골googol을 기재하는 과정에서 오타로 만들었다는 구글google은 투자자의 뇌리에 금세 각인되었고, 투자유치에 성공하면서 지금의 〈구글〉이 있게 된 것이다.

불교 철학에서 말하는 세상에서 가장 큰 수인 무량대수는 10의 68 승이고 〈구글〉의 모태가 된 구골은 10의 100승이다. 구글은 우연히 탄생한 신조어이면서 구글의 목표를 담고 있는 단어이다. 구글의 창업자들은 무량대수(구골 Googol)를 연상케 하는 이 신조어를 회사명으로 결정하면서 '인터넷의 광범위한 정보를 모두 담겠다'는 의지를 비전으로 표현했고 투자자뿐만 아니라 모든 인터넷 사용자에게 그들의 비전을 전달하는 데 정확하게 성공했다.

〈핀터레스트〉 서비스도 네이밍에 있어 좋은 사례이다. 이미지 및 관심사를 기반으로 둔 소셜 네트워크 서비스 〈핀터레스트〉는 '핀Pin' 과 '인터레스트Interest'를 조합한 신조어이다. 이들은 개개인이 컨텐츠를 즐겨찾기할 수 있도록 핀보드 스타일의 소셜 플랫폼을 구축하였

[그림6-1] 구글과 핀터레스트

'무량대수'를 상징하는 〈구글〉과 '관심을 꼽아두다'는 뜻의 〈핀터레스트〉

고 사용자들로 하여금 특정 주제의 사진들을 수집하고 관리할 수 있게 해줌으로써 페이스북 이후의 새로운 플랫폼을 제시하여 성공을 거두었다.

네이밍치고는 조금 긴 〈핀터레스트〉는 희한하게도 설명을 들으면 단번에 기억에 남는다. '관심Interest을 꼽아두다Pin'라니! 이런 쉬운 설명으로 그들의 서비스를 표현하니 기억을 하지 않으려고 해도 기억을 할 수밖에 없다. "너의 관심사를 pin해주겠어!"라는 네이밍. 참으로 절묘하다.

여기서 잠깐, 한 가지 주의해야 할 점이 있다. 해당 서비스를 직접 설명하는 단어만으로 구성해서는 곤란하다는 점이다. 이유는 「상표법」 논리 때문인데, 해당 서비스를 직접 설명하는 단어(보통명사)로만 네이밍하면 '해당 분야'에 대해서는 상표 등록을 받을 수 없다. 또한 보통명사로만 구성된 브랜드는 검색이 잘 되지 않는다는 치명적인 문제점도 있다. 따라서 '어디선가 들어본 듯한 느낌의 단어'를 새로 만들어내는 것이 브랜드 네이밍의 첫 걸음이라고 할 수 있다.

노하우 2 파열음을 적절히 사용한다

AppHarbor / Apportable / Beetailer / Bitplay / Comprehend Systems / Custora / DrChrono / Earbits / Fitfu / GiftRocket / Grubwithus / HelloFax / Humble Bundle / Hyperink / inPulse / Lanyrd / Like.fm / Mailgun / MinoMonsters / Moki.tv /Noteleaf / NowJS / Sendoid / Swipegood / TalkBin / Taskforce / TellFi / Tumult / Tutorspree / Upverter / Venuetastic / WhereBerry / YouGotListings Inc

우리가 투자한 스타트업의 기업명이다. 33개 기업 중 5개 정도의 회사를 제외하고는 한 단어로 이루어진 이름을 기업명으로 사용하고 있다. 또 33개의 기업 중 21개의 기업명에 파열음(ㅌ ㅊ ㅍ ㅋ 등)이 들어있는 것을 확인할 수 있다.

티몬/쿠팡/위메프 등의 소셜커머스 서비스는 물론이고 카카오/틱톡/왓츠앱 등의 메신저 서비스, 애니팡/쿠키런/캔디크러쉬사가/컴투스 등의 게임을 보더라도 파열음이 포함된 이름이 많다는 것을 확인할 수 있다. 물론 변리사로서 개인적 업무 경험에 의한 주관적 노하우일 수 있다. 파열음을 사용하지 않고 성공한 예도 다수 있기 때문이다.

CPI/KPTX/TDX/UPS 등과 같이 '대문자 자음조합'로 이루어진 브랜드들은 듣는 사람이 노력을 해야만 기억할 수 있는 단어들이다. 매스 미디어를 통한 대규모 마케팅으로 사람들의 머릿속에 심어줄 수도 있지만 그런 방식은 스타트업이 할 수 있는 방식도 아니고 하고 싶은 방법도 아닐 것이다.

사람들의 머릿속에 기억되는 단어들은 '좋은 어감'을 가지고 있다. Yahoo!/Fedex/AVAYA/AVIS/Viber/KAKAO 등의 경우를 살펴보면 자음+모음+자음 또는 모음+자음+모음 등의 순서로 이루어져 있다. '자음+자음+자음'으로 이루어진 이름은 결국 대문자 자음조합으로 이루어진 이름이나 마찬가지이며 CPC/CPI 등과 같이 해당 대문자의 의미를 수차례 설명해줘야 한다. 그러한 설명을 해주어도 듣는 사람들이 기억하기란 쉬운 일이 아니다. 우리나라 재벌기업인 SPC 그룹도 그 기업을 알고 있는 일반인이 별로 없을 뿐만 아니라 'S', 'P', 'C'의 뜻이 무엇인지 알고 있는 사람은 거의 없다고 해도 과언이 아니다.

SPC 그룹은 삼립/파리바게뜨/배스킨라빈스/던킨도너츠/샤니 등의 브랜드를 말하면 대부분 사람들이 아는 유명한 그룹이다. 아마도 회사 이름을 띄우기보다는 각각의 브랜드를 홍보하려는 전략적인 목적에서 그룹의 이름을 이렇게 만든 것이 아닌가 싶다. 하지만 스타트업이나 창업기업들은 이와 같은 대문자 자음조합으로 이름을 만들기보다 신선하면서 기억에 남을 수 있는 신조어를 만드는 것이 바람직하다. 다만 대문자 자음조합 자체가 이미 일반인들에게 유명한 조합인 경우(ISBN/

BMG/LTE/TNT 등) 이를 응용한 작명은 괜찮은 선택이 될 수 있다.

우리가 운영하는 특허법인 이름인 BLT는 사실 대문자 조합이라서 위 원칙과는 잘 맞지 않는다. 하지만 "어디서 많이 들어본 것 같은데요."라는 반응을 많이 얻는다. 미국 유학을 다녀온 분들은 'BLT 샌드위치' 메뉴를 떠올리면서 Bacon Lattuce Tomato가 들어간 샌드위치를 이야기하기도 한다. 사실 〈맥도날드〉나 〈퀴즈노서브〉, 〈서브웨이〉 같은 샌드위치 체인점에서 BLT 샌드위치는 인기 메뉴이기도 하여 사람들의 잠재의식 속에 은근히 친숙한 단어로 자리 잡고 있기도 하다.

한편 BLT라는 단어로 "Beyond the Limit Together!"라는 멋진 슬로건을 만들어 사용하면서 실제로도 '고객들과 함께 한계를 넘고' 있으니 나름대로 뿌듯한 작명이라 자부하고 있다. 이뿐만 아니라, 본 업계 종사자에게 필요한 전문성인 Business, Law, Technology를 의미하는 것으로 마케팅에 활용하고 있다.

[그림6-2] BLT 샌드위치와 BLT 특허사무소 로고

검색어 최적화에 신경 쓴다

네이밍을 잘못하면 검색이 거의 안 된다. 최근 SEO라는 Search Engine Optimization라는 검색엔진 최적화 테크닉(SEO라는 단어도 사실 기억하기 쉽지 않은 단어이다)이 마케팅 쪽에서 화두가 되고 있다. 21세기에 사업을 하는 사람으로서 데스크톱이든 모바일이든 검색엔진에 의해 고객들을 만나게 되는 시대라는 것을 부인할 수는 없다. 그런데 네이버나 구글 검색 시 검색 결과에서 10페이지 이상 뒤로 넘어가야 찾아낼 수 있는 네이밍이라면? 아주 잘못된 서비스 네이밍이지 않을까?

스타트업 서비스명이나 제품명 중에 '과일이름'이 많다. 이 경우 검색에 굉장히 불리하다. 예를 들어 제품명을 '망고'라고 지었다고 해보자. 검색 결과에서 무수히 많은 망고를 만나게 된다. 이를 해결하는 좋은 방법은 과일 단어에 더하여 '망고스캔'이나 '망고플레이트'와

[그림6-3] '망고스캔' 검색 결과

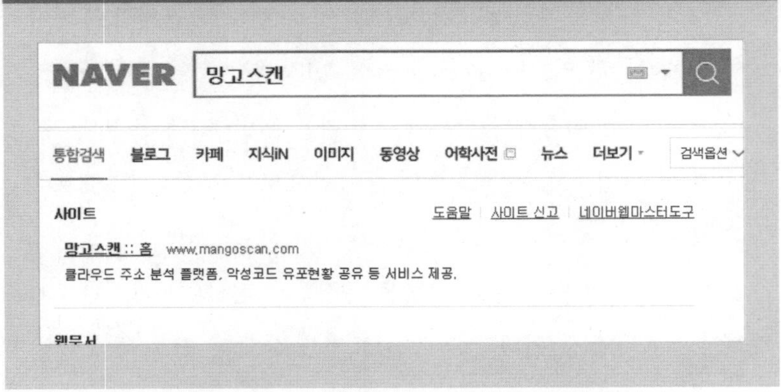

같이 네이밍을 하는 것이다. 지금 바로 확인해보자. 나름 검색 결과가 불리하게 나오지 않는다.

한 번 들으면 그 서비스가 연상되면서 기억할 수 있는 신조어, 그리고 그 단어를 검색했을 때 검색 결과가 잘 나오는 단어가 좋은 브랜드 네이밍이다. 그 교집합을 찾는 것은 정말 쉽지 않다. 하지만 당신의 가진 서비스나 제품이 가진 특징을 계속해서 생각해본다면 의외로 쉽게 지을 수도 있다. 참고로 네이버에서 얼마나 검색되는 단어인지를 미리 살펴보는 것도 브랜드 네이밍 과정에서 상당한 도움이 된다(검색어 동향은 네이버 트랜드나 구글 트랜드를 참고하자.).

노하우 5 상표권 등록이 가능한 브랜드를 만들자

이름을 보유하는 방법은 세 가지이다. 사업자 등록, 도메인 등록, 그리고 상표 등록이다.

사업자 등록은 법인 설립 시 법인의 이름을 등록하는 것이고 동일한 상호를 후발업체가 등록한다고 해도「상법」상 제한사유가 아니면 막기 어렵다. 도메인 등록은 도메인 등록 서비스 업체의 홈페이지에서 쉽게 할 수 있으나 .com을 .kr로 변경해서 동일하게 등록하거나 대쉬(-) 등을 이용해 유사하게 등록하는 후발주자들을 막을 수 없다. 따라서 사업자 등록과 도메인 등록만으로는 자신의 이름(브랜드)을 지킬 수 없다.

도메인 등록과 달리 상표 등록은 특허청의 심사(1년 정도 걸린다)를 거쳐야만 획득할 수 있다. 그리고 상표권을 갖게 된 경우 특허청에 자

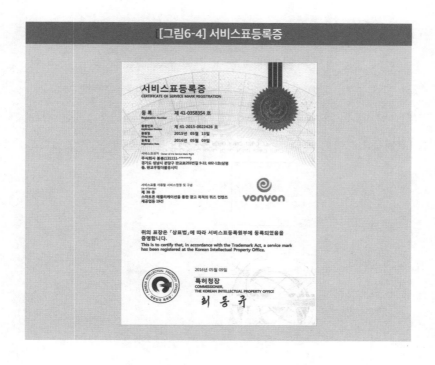

[그림6-4] 서비스표등록증

신의 브랜드 및 유사한 브랜드의 등장(후 출원)을 막을 수 있다(5강 참조). 즉 상표권은 사업을 하는 사람이 자신의 '영업표지(브랜드)'를 지킬 수 있는 가장 강력한 수단인 것이다. 하지만 모든 단어가 상표 등록이 가능한 것은 아니며 상표를 등록받기 위해서는 20여 개에 이르는 「상표법」상 등록요건을 특허청으로부터 심사받아야 하기 때문에 쉬운 일이 아니다.

간혹 네이밍 업체에 위탁해서 만든 브랜드를 상표 출원하다가 뜻대로 상표 등록이 되지 않아 네이밍 회사와 의뢰인 간에 소송하는 경우도 있다. 그만큼 '상표 등록이 가능한 단어'를 만드는 일은 쉬운 일

이 아니다. 반드시 '지정상품'과 '그 단어(그 브랜드)'의 상관성을 살펴
야 하고 보통 명사를 지양해야 한다. 그렇다고 보통명사의 등록이 아
예 안 되는 것 또한 아니니 잘 알아보아야 한다. '애플'도 보통명사이
긴 하지만 '사과 및 사과유통업'에 대해서만 등록이 안 될 뿐 '컴퓨
터 어플리케이션 게임' 등에 대해서는 상표 등록을 받을 수 있었다.

7강

경쟁사의
숨을 조이는
상표 포트폴리오

특허는 어렵다. 등록특허를 받기 위해서는 일단 발명을 해야 하고 그 발명은 신규성과 진보성을 만족시켜야 한다. 또 그러기 위해서는 발명의 참신성이 매우 뛰어나거나 기존의 발명들에 비해서 굉장히 디테일해야 한다. 특허 등록을 위한 발명이 완성되면 실력있는 변리사를 만나 제대로 된 청구항으로 이루어진 명세서를 만들어야 하는데, 등록 비용까지 최소 400만 원 이상이 소요된다.

한편 실력있는 변리사를 만나서 제대로 된 특허 출원을 했다 하더라도 심사관을 잘못 만나면, 예를 들면 심사 기준이 지나치게 높은 심사관 또는 특허 출원 명세서를 제대로 읽지 않는 심사관 등을 만나면 특허 등록을 받기까지 험난한 과정을 거쳐야 한다. 등록을 받았다 하더라도 권리를 행사하는 과정에서 상당히 많은 준비가 필요하다. 일단 상대방 침해품을 입수해야 하고 상대방의 실시행위가 나의 특허 권리범위에 포함되는지를 분석해야 한다. 그리고 소송에 들어가기에 앞서 나의 특허가 상대방에 의하여 무효화가 될지 여부를 사전에 분석해야 한다.

반면 상표는 아주 단순하다. 신박한 브랜드를 만들어내고(물론 이게 쉽지는 않다.) 그 브랜드를 중심으로 상표 포트폴리오를 만드는 일은 크게 어렵지도, 돈이 많이 들어가지도 않는다. 브랜드 가치를 띄우는 일은 마케팅에 얼마나 많은 시간과 돈(홍보비)을 들였는지가 결정짓지만, 상표의 가치라고 하는 것은 시장에서의 인기와 비례하는 것이라서 해당 브랜드를 알리는 데 사용된 돈과 시간에 비례하게 되어있다. 어쨌든 브랜드의 가치가 상승된 이후 일반 소비자들이 당신의 브랜드에 가지게 되는 '신뢰'라는 것은 상표권이라는 그릇에 고스란히 담기게 된다.

예를 들면 온라인 편집샵에서 〈무신사〉, 카셰어링 서비스에서 〈쏘카〉, 중고 거래 플랫폼에서 〈당근마켓〉, 새벽배송 플랫폼에서 〈마켓컬리〉 등의 파급력을 보자. 믿고 살 수 있는 브랜드. 이것이 바로 '상표의 가치'를 대표하는 것이다. 이러한 상표는 상대방의 침해행위를 발견하기도 쉽고 상대방의 행위가 나의 상표권을 침범하는지를 판단하기에도 특허에 비해서 상대적으로 명확한 편이다.

따라서 특허 포트폴리오를 세우면서 브랜드를 중심으로 사업을 영위하려는 스타트업들은 자신이 준비하고 있는 브랜드에 대한 상표 포트폴리오 전략을 취해야 할 것이다.

상표권의 위력을 알고 준비하는 기업들

〈참다한〉의 경우 〈정관장〉을 상대로 한 홍삼 전쟁에서 온라인 게릴라 전략을 사용하면서 5조 원대의 홍삼 시장에 파란을 일으켰으며 2년 만에 직원 수 200명에 가까운 규모의 성장을 이룩하였다. 2020년 11월 홍삼 브랜드 빅데이터 분석에 따르면, 〈정관장〉이 지난 10월 대비 브랜드 평판지수가 9.44% 상승한 것에 비해, 〈참다한〉의 경우 지난 10월 대비 브랜드 평판지수가 112.59%나 상승하였다. 최근에는 탤런트 박서준을 모델로 기용하면서 정말로 〈정관장〉이 쌓은 아성을 무너트리려는 야심찬 계획을 추진 중이다.

〈참다한〉은 상표에 관한 한 광적인 집착을 보여주고 있는 기업이다. 〈참다한〉에 이어 〈뉴트리코어〉, 〈아이스토리〉 등의 브랜드들을 키우면서 홍삼이 아닌 다른 분야에도 진출하고 있다. 특유의 '고급화 전략'이 시장에 먹혀들자 상상할 수 없는 속도로 성장하고 있는 것이다([그림7-1] 참조).

상표 포트폴리오를 잘 활용하고 있는 또 다른 기업의 예를 들자면 SPC 그룹을 들 수 있다. SPC 그룹은 을지로의 '상미당'이라는 제과점에서 시작하여 삼립제빵공사에서 삼립식품(현 ㈜SPC삼립)으로 본격적인 사업을 시작했다. SPC 그룹의 계열사를 보면 SPC 그룹의 상표 포트폴리오 전략을 엿볼 수 있다([그림7-2] 참조). ㈜파리크라상의 브랜드로는 우리가 잘 알고 있는 〈파리바게뜨〉, 〈파스쿠찌〉 등이 있고, 주식회사 비알코리아㈜는 〈베스킨라빈스〉와 〈던킨〉이 있다. 이외에도

[그림7-1] 강력한 상표 포트폴리오를 구축한 참다한

□ [66]
NUTRICORE
4020150038080

□ [67]
NUTRICORE
4020150038076

□ [68]
뉴트리코어
4020150038072

□ [69]
참다한 아이스토리
4020150085428

□ [70]
뉴트리코어
4020150038071

□ [71]
NUTRICORE
4020150038077

□ [72]
참다한 흑룡살
4020140027145

□ [73]
NUTRICORE
4020150038081

□ [74]
참다한.
4020130073909

□ [75]
참다한
4020130073881

□ [76]
Chamdahan
4020170006033

□ [77]
参多韓
4020170006030

□ [78]
NUTRICORE
4020150038078

□ [79]
뉴트리코어
4020150038069

□ [80]
NUTRICORE
4020150038073

□ [81]
참다한
4020170058587

□ [82]
아이스토리
4120160036557

□ [83]
아이스토리
4020160059505

□ [84]
홍키즈
4120160036565

□ [85]
아이스토리
4020160059504

식품 쪽 브랜드로는 ㈜SPC삼립의 〈삼립호빵〉, 〈꿀약과〉, 〈삼립호떡〉 등 종합식품 브랜드로서의 입지를 굳건히 다지고 있다.

[그림7-2] SPC 그룹의 상표 포트폴리오

상표 포트폴리오를 세울 때 중요한 3가지

상표 포트폴리오를 만든다는 것은 '거대한 브랜드 제국'을 구축하는 일이다. 상표 출원이라는 것은 상품만 잘 지정하면 어렵지 않게 할 수 있는 일이고, 브랜드 방향성과 나의 사업 방향이 맞는지를 수시로 확인한다면 강력한 브랜드 철벽을 구축할 수 있다.

NO 브랜드 전략도 하나의 브랜딩 전략이다

소비자들은 '싸고 좋은 제품'을 찾는 것 같아 보이지만 결국은 '브랜드 있는 제품'을 선호하는 경향이 강하다. 〈이마트〉에서 최근 강력하게 마케팅 드라이브를 걸고 있는 노란색 포장지의 'No Brand' 제품도 사실은 〈이마트〉라는 '판매자' 브랜드를 믿고 구매가 일어나는 것이다. '브랜드가 아닌 브랜드'라는 파격적인 메시지로 등장한 'No Brand'는 오로지 품질을 중심으로 상품을 개발한다는 콘셉트를 가지고 소비자에게 접근했고, 이는 적중했다. 고도의 브랜드 운용 전략인 셈이다.

이러한 브랜드 전략으로 〈이마트〉가 2015년 'No Brand'를 처음 런칭한 이후 2020년에는 연 매출 1조 원 이상을 기록하며 최초로 흑자를 달성하였다. 또한 2022년 기준 〈이마트〉가 노브랜드 25개 주요 상품을 일반상품과 비교한 결과 평균 46% 저렴한 것으로 밝혀졌다. 'No Brand'는 '브랜드가 아니다. 소비자다'라는 철학 아래 2021년 총 매출액이 2020년 대비 9.2% 증가한 데 이어 2022년 상반기 매출액은 지난해 같은 기간보다 5.2% 늘며 지속적인 성장세를 이어가고 있다.

상표 포트폴리오는 되도록 두텁게 한다

브랜드는 사업의 모든 것이다. '소비자의 신뢰가 쌓이는 그릇'이기 때문이다. 그러므로 브랜드를 보호해주는 상표권에 대해 모른다면 그 것은 기업인의 올바른 자세가 아니다. 사업이 번창하여 브랜드가 강력해질수록 상표 포트폴리오는 더욱더 두터워져야 한다. 예를 들면 키프리스 사이트에서 "AP=[아모레퍼시픽]"을 입력해보자. 3만 개가 넘는 아모레퍼시픽 상표들을 볼 수 있을 것이다.

해외 시장까지 염두에 두고 접근한다

강력한 상표 포트폴리오를 구축했더라도 그것이 국내용뿐라면 회 사 규모 확장에 걸림돌로 다가오는 것은 시간 문제다. 국내에서 500억 규모의 매출을 올린다고 해서 회사가 안정화되는 것은 아니기 때문이 다. 상장되더라도 경영이 불안정해지기 쉽다. 미국 기업들은 한국 시장의 13배에 이르는 광대한 시장이 존재하고 매우 소비지향적인 소비자 3억 5천만 명을 대상으로 하기 때문에 1조 규모의 매출을 갖는 기업이 3천 개가 넘는다. 하지만 대한민국에서는 5천만 명의 '검소한' 소비자들을 상대해야 하므로 기업이 안정화되려면 반드시 수출을 염두에 두어야 한다.

그러므로 14억 5천만 인의 중국 시장, 6억 인의 동남아 시장, 1억 2천만 인의 일본 시장을 반드시 고려하자. 상표 포트폴리오를 구축할 때도 당연히 이러한 근접 시장에 대한 상표 출원을 시작으로 해야 한다.

서울산업진흥원(SBA) 및 특허청(지역지식재산센터)에서는 해외 상표 포트폴리오 구축을 지원하는 사업이 굉장히 많다. 지식재산보호원 같은 특허청 산하기관 및 무역협회KOTRA에서도 해외 상표 포트폴리오 구축 지원사업을 다수 진행하고 있다. 사업 초기라 자금 여력이 되지 않는다는 것은 평계에 가깝다. 최근 정부지원사업은 해외 상표 소매치기 행위까지 막아주는 등 굉장히 세밀하게 준비되어있다. 다만 기업을 경영하는 측에서 그러한 프로그램이 존재하는지를 알아보지 않았을 뿐이다. 우선 당장은 국내외 상표 포트폴리오를 구축하고 이어서 해외 상표 출원까지 준비하도록 하자.

디자인권은 특허만큼 강력하다

　지금은 고인이 된 '창업의 아이콘' 애플 창업자 스티브잡스는 특허
권보다는 디자인권으로 재미를 많이 본 사람이다. 1990년대에 넥스
트 컴퓨터 픽사를 거쳐 다시 애플로 복귀한 스티브잡스의 첫 작품은
바로 일체형 컴퓨터인 '아이맥iMac'이었다. 1997년에 등장한 아이맥은
마치 사탕을 연상케 하는 푸른빛에 투명한 케이스 디자인으로 소비
자들의 엄청난 사랑을 받았다. 기울어가던 애플을 다시 일으켜 세운
것은 바로 발명가 스티브잡스와 디자이너 조너선 아이브의 환상적인
콤비플레이에 의한 새로운 콘셉트의 디자인이었던 것이다.

　당시 아이맥의 매력적인 디자인은 소비자들의 구매욕을 자극했으
며 PC를 제조하던 컴퓨터 회사들의 '카피 욕구'를 자극하였다. 이들
업체는 곧 완전히 동일하지는 않지만 상당히 비슷한 느낌의 디자인
을 가진 제품들을 출시하였고, 애플은 '디자인권'을 이용하여 경쟁사

제품의 시장 진입을 막는 데 성공하고 아이맥 신화를 계속 써나갔다.

디자인권은 물품의 '형상/모양/색채' 또는 이들을 결합한 것으로 시각을 통하여 미감을 일으키게 하는 디자인 중에서 창작성이 있는 것을 보호하는 권리이다(「디자인보호법」 제2조, 제3조). 당시 네모난 컴퓨터들과는 전혀 달랐던 아이맥의 디자인은 그 '권리범위'가 상당히 넓었다. 즉 기존 컴퓨터들과 차별화된 디자인을 제시하였기 때문에 미국 법원에서 '디자인권의 범위'를 넓게 인정받을 수 있었을 뿐만 아니라 컴퓨터의 각 부분에 대한 디자인권 포트폴리오를 확보하는 데 성공하여 보다 강력한 디자인권 구축에 성공할 수 있었다.

[그림8-1] 아이맥과 유사한 디자인의 제품들

[그림8-2] 애플이 보유한 아이맥 디자인권

US00D413105S

United States Patent [19]

Jobs et al.

[11] Patent Number: **Des. 413,105**

[45] Date of Patent: ⁂ **Aug. 24, 1999**

[54] **COMPUTER ENCLOSURE**

[75] Inventors: **Steven P. Jobs**, Palo Alto; **Jonathan P. Ive**; **Daniel J. Coster**, both of San Francisco; **Christopher J. Stringer**, Pacifica; **Daniele De Iuliis**, San Francisco; **Bart K. Andre**, Menlo Park; **Richard P. Howarth**, San Francisco; **Calvin Q. Seid**, Palo Alto; **Douglas B. Satzger**, San Carlos; **Marc J. van de Loo**, Palo Alto, all of Calif.

[73] Assignee: **Apple Computer, Inc.**, Cupertino, Calif.

[**] Term: **14 Years**

[21] Appl. No.: **29/087,642**

[22] Filed: **May 6, 1998**

[51] LOC (6) Cl. **14-02**
[52] U.S. Cl. **D14/100**; D14/113
[58] Field of Search D14/100, 113, D14/114, 126, 102, 105, 125, 106; 345/133, 156, 901–5; 348/180, 184, 325, 739; 248/917–24

[56] **References Cited**

U.S. PATENT DOCUMENTS

D. 314,373   2/1991   Sacherman D14/113

D. 355,167	2/1995	Barbera et al.	D14/100
D. 361,550	8/1995	Mundt et al.	D14/100
D. 370,466	6/1996	Vossoughi	D14/100
D. 370,664	6/1996	Oates	D14/100
D. 370,897	6/1996	Lin	D14/113
D. 379,805	6/1997	Ratzlaff	D14/113
D. 383,444	9/1997	Han	D14/100
D. 398,591	9/1998	Back	D14/113

Primary Examiner—M. H. Tung
Attorney, Agent, or Firm—Nancy R. Simon

[57] **CLAIM**

The ornamental design for a computer enclosure, as shown and described.

DESCRIPTION

FIG. 1 is a front, top, right side perspective view of a computer enclosure, showing our new design;
FIG. 2 is a front view thereof;
FIG. 3 is a right side view thereof;
FIG. 4 is a rear view thereof;
FIG. 5 is a left side view thereof;
FIG. 6 is a top view thereof;
FIG. 7 is a bottom view thereof; and,
FIG. 8 is a right side view of a computer enclosure with a flip stand extended, showing our new design.

1 Claim, 8 Drawing Sheets

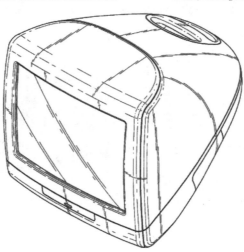

디자인권을 보유하는 방법

「디자인보호법」에 의하면 디자인이란 "물품의 형상, 모양, 색채 또는 이들을 결합한 것으로서 시각을 통하여 미감을 일으키게 하는 것"이라고 정의되어있다(「디자인보호법」 제2조).

따라서 물품에 대해서만 디자인권이 주어질 수 있고, 물품에 대한 디자인만 「디자인보호법」상 디자인권으로 인정된다. 건축물의 디자인은 「디자인보호법」이 아닌 「저작권법」으로 보호된다. 예외적으로 물품의 부분 및 글자체는 '물품'은 아니지만 디자인적 특성이 강하기 때문에 「디자인보호법」으로 보호받는다.

디자인권의 등록 요건 두 가지

디자인은 '신규성'과 '창작성'을 가지고 있어야 등록을 받을 수 있다(「디자인보호법」 제33조). 신규성이란 디자인 출원을 하려는 디자인이 그 출원 전에 공중에게 알려지지 않은 상태를 말한다. 다시 말해 '출원 전에 공개되면 안 된다'는 것을 의미한다. 국내 또는 국외에서 공지되었거나 박람회를 통하여 공개되었거나 카탈로그 등의 간행물에 게재되었거나 페이스북, 블로그, 트위터 등 매체를 불문하고 디자인이 공개된 경우 그 디자인은 신규성을 즉시 상실한다. 따라서 디자인 출원을 하더라도 등록받을 수 없다. 이러한 '공지'가 있을 경우에는 공지된 날짜로부터 6개월 이내에 출원이 이루어져야 하고 언제 공지가 되었는지에 대해 명확하게 입증할 수 있는 서류를 특허청에 제출해야 한다. 대부분의 디자이너들은 '디자인 출원'보다는 '마케팅'에 신경을 더 쓰기 때문에 작품의 공개에 급급한 경우가 많은데, 자칫 신규성을 스스로 상실시켜 디자인권을 받을 수 없는 자승자박 행위가 될 수 있으므로 반드시 유의하도록 한다.

디자인 출원의 두 번째 등록요건인 '창작성'이란 어떤 디자인이 다른 디자인과 객관적으로 명확하게 구별되는 정도를 말한다. 디자인 출원이 이루어지기 전에 그 디자인이 속한 분야에서 통상의 지식을 가진 사람이 국내 또는 국외에서 알려진 디자인에 기초하여 쉽게 창작할 수 있는 디자인은 창작성이 없는 것으로 보아야 한다.

그렇다면 아래와 같은 '물방울' 모양의 가습기는 창작성이 있는 것일까?

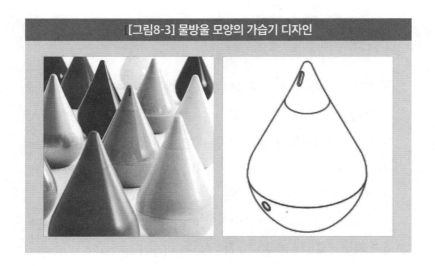

[그림8-3] 물방울 모양의 가습기 디자인

당연히 '높은 창작성'을 지니고 있다고 보아야 한다. 자연물인 물방울 모양을 모사하여 가습기 디자인을 하는 것은 가습기 디자인 분야의 디자이너가 쉽게 생각해낼 수 있는 형태의 디자인이 아니기 때문이다. 물방울 모양의 가습기는 오랫동안 나타나지 않았으며 '루펜'에서 출시한 이 물방울 가습기는 이후 시장에서 폭발적인 반응을 얻었다. 다만 특허청에서 심사하는 '디자인 등록출원'이 경우 창작성의 판단 기준이 굉장히 애매모호하므로 디자인 출원을 많이 다루어본 변리사와 출원 전략을 세운 후 진행하는 것이 바람직하다.

▎ 스마트기기 인터페이스 디자인에 관한 권리 보호 ▎

애플은 화상디자인 출원을 상당히 많이 시도하였고, 약 300개가 넘는 화상디자인권을 보유하고 있다. 이후 삼성전자, LG전자의 화상디자인 출원에 기폭제가 되기도 했다. 화상디자인이란 LED, LCD 등 디스플레이 화면을 통해 사용자와 제품 간에 상호작용interaction하면서 용이한 조작을 유도할 목적으로 구현한 직관적인 '그래픽 사용자 인터페이스GUI: Graphic User Interface'를 말한다.

법적으로는 "물품의 액정화면 등 표시부에 표시되는 모양, 색채 또는 이들의 결합"을 화상디자인이라고 한다(「디자인심사기준」 제3조 제1항 다). 쉽게 말해 디자인 영역에서의 시각디자인을 화상디자인이라고 보면 된다.

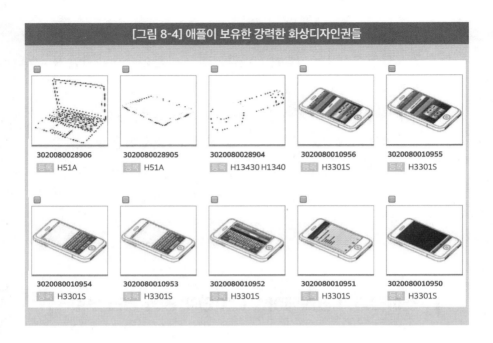

[그림 8-4] 애플이 보유한 강력한 화상디자인권들

3020080028906 등록 H51A

3020080028905 등록 H51A

3020080028904 등록 H13430 H1340

3020080010956 등록 H3301S

3020080010955 등록 H3301S

3020080010954 등록 H3301S

3020080010953 등록 H3301S

3020080010952 등록 H3301S

3020080010951 등록 H3301S

3020080010950 등록 H3301S

　[그림8-4]에서 보는 바와 같이 애플은 화상디자인에 엄청나게 신경을 써왔다. 강력한 화상디자인은 제품의 외형이 아닌 디스플레이 상에 표시되는 시각디자인들을 보호하는 것으로 소프트웨어를 강력하게 보호하는 방법 중 하나로 떠오르고 있다.

　애플의 iOS라고 하는 운영체제가 가지는 디자인적 우수성은 디자인권으로 이미 입증이 된 바가 있는데, 그중 하나인 'Time Picker'와 'Date Picker'는 매우 아날로그적인 느낌을 주면서도 직관적으로 조작할 수 있게 유도하는 훌륭한 디자인이라고 볼 수 있다([그림-5] 참조). 애플은 이를 화상디자인으로 출원하여 보호받았으며 약 6년 이

[그림 8-5] Time Picker와 Date Picker

	사시도	정면도	배면도	좌측면도	우측면도	평면도	저면도
[M01]							

명칭	화상디자인이 표시된 이동통신기기
디자인분류	H3301S
디자인구분	기본디자인 단독디자인 부분디자인 공개디자인
출원번호(일자)	3020080010956(2008.03.13)
공개번호(일자)	
등록번호(일자)	3005071760000(2008.09.22)
공고번호(일자)	(2008.09.26)
원출원번호(일자)	
관련출원번호	
우선권주장번호(일자)	
소급구분(일자)	(2007.07.09)
최종처분(일자)	등록결정(일반)(2008.09.08)
심판사항	
등록상태	등록

견본이미지

상 안드로이드로 하여금 애플의 고유 모바일 디자인을 따라하지 못
하도록 하여 강력한 아성을 구축했다.

특허받기 힘든 아이디어는 디자인권을 노리자

디자인권은 특허로 보호받기 애매한 발명들을 보호하는 데 상당한
효과가 있다. 특허의 경우 "자연법칙을 이용한 기술적 사상의 창작으
로서 고도한 것"을 발명이라 정의하고, '고도할 것'을 요구하면서 '진
보성'이라는 요건을 까다롭게 심사한다.

[그림 8-6] 디자인권을 획득한 블루투스 신호 송수신기

헬멧 부착형 송수신기

상세정보　공고전문　등록사항　통합행정정보

서지정보　인명정보　창작의 요점/내용　확정처리　복수디자인 정보

▶ 도면일괄보기

[M001]

(21) 출원번호(일자)	3020160033770(2016.07.12)
(71) 출원인	주식회사 지에스아이엘
(11) 공고번호(일자)	(2016.12.26)
(65) 공개번호(일자)	
(11) 등록번호(일자)	3008876390000(2016.12.20)
(30) 우선권주장번호(일자)	
법적상태	등록
심사진행상태(일자)	등록결정(일반)(2016.12.19)
소급구분(일자)	(2016.07.12)
심판사항	
원출원번호/일자	
관련출원번호	
디자인구분	기본디자인 공개디자인
(52) 한국분류	H3614
(51) 국제분류	14-03
형태분류	H3614

크게보기

전문다운

URL복사

　따라서 [그림8-6]과 같은 단순한 아이디어일 경우 특허로 무리하게 추진하지 말고 디자인권을 획득하는 전략을 세우는 것이 수월하고 효과적일 수 있다.

　이 디바이스는 ㈜지에스아이엘이라는 스타트업에서 만든 헬멧에 부착하는 '블루투스 신호 송수신기'이다. ㈜지에스아이엘은 건설안

전 솔루션을 주력으로 하는 회사인데, 이 디바이스는 특허를 받기에는 기술적 특징이 상당하지 않았다. 그래서 특허나 실용실안으로 출원하여 거절받기보다 디자인권으로 보호받자는 전략으로 접근했다. 다행히 디자인권이 무사히 등록되었고 이 디자인권과 시스템에 관련된 특허권을 기초로 하여 '건설 신기술인증'까지 획득하는 데 성공하였다.

이후 안전모에 위치추적용 블루투스 비콘 장치를 붙이려는 스타트업들이 카피 제품을 내놓았으나 디자인권을 중심으로 권리화를 착실히 한 결과 ㈜지에승이엘은 경쟁사를 압도하게 되었다.

설마 하다가
큰코 다치는 저작권,
얼마나 알아야 할까?

    대부분의 중소기업 대표들이 '저작권'에 대해서는 둔감한 경우가 많다. 중요하다고 생각은 하지만 막상 일을 할 때는 '에이, 설마 이것까지?'라고 생각하는 것이다.

    홈페이지를 만들 때도 마찬가지이다. 대개는 디자이너에게 홈페이지 디자인을 일임하는데, 저작권에 대해 제대로 아는 디자이너가 적다 보니 저작권 침해가 일어나는 경우가 상당히 빈번하다. 그리고 그것을 대표가 모르는 경우도 부지기수이다. 예컨대 사용하는 폰트에 대한 저작권 관련 법적 이슈를 검토하지 않고 사용한 결과, 저작권 침해 소송을 당하여 '폰트 불법 사용'으로 호된 배상금을 내는 경우가 끊이질 않고 있다. 심지어 '무료 폰트'라고 하여 안심하고 사용했다가 저작권 합의금 사냥의 대상이 되는 경우도 빈번하다. 무료 폰트라 하더라도 저작권에서 자유로운 폰트라고 단정할 수 없으므로 약관 내용을 꼼꼼히 살피고 무료 사용 범위를 정확히 확인할 필요가 있다.

과연 저작권에 대해서는 얼마나 알아야 하는 것일까? 무엇이 저작권 침해가 되는 것일까?

저작권에 관한 쓸모 있는 지식

저작권이란 시, 소설, 음악, 미술, 영화, 연극, 컴퓨터 프로그램 등과 같은 '저작물'에 대하여 창작자가 가지는 권리를 말한다.

소설가가 소설 작품을 창작했다면 그는 원고 그대로 출판·배포할 수 있는 복제·배포권과 함께 그 소설을 영화나 번역물 등 다른 형태로 저작할 수 있는 2차적 저작물 작성권, 연극 등으로 공연할 수 있는 공연권, 방송물로 만들어 방송할 수 있는 방송권 등 여러 가지 권리를 가지게 된다. 이러한 여러 가지 권리를 통틀어 저작권이라고 하는데, 크게 '지적재산권'과 '저작인격권'으로 나뉜다.

저작재산권과 저작인격권

저작권은 부동산과 마찬가지로 매매하거나 상속할 수 있고 다른 사람에게 빌려줄 수도 있다. 만일 어떤 사람이 허락을 받지 않고 타인의 저작물을 사용했다면 저작권자는 그를 상대로 민사상의 손해배상을 청구할 수 있고, 그 침해자에 대하여 형사상 처벌을 요구(고소)할 수도 있다. 저작권자는 일반적으로 저작권을 다른 사람에게 양도

하거나 다른 사람에게 자신의 저작물을 사용할 수 있도록 허락함으로써 경제적인 대가를 받을 수 있다. 이러한 저작권의 경제적 측면을 저작재산권이라고 한다.

계속해서 소설가의 예를 들자면, 소설가는 앞서 말한 여러 가지 형태로 저작물이 이용되는 과정에서 그 소설의 제목, 내용 등이 바뀌지 않도록 하는 '동일성 유지권'과 함께 출판된 소설책에 자신의 성명을 표시할 수 있는 '성명 표시권', 그리고 그 소설을 출판할 것인지의 여부를 결정할 수 있는 '공표권'을 가진다. 이는 저작자의 인격을 보호하고자 하는 측면에서 주어진 권리이므로 이를 '저작인격권'이라 하여 저작재산권과 구분한다.

결국 저작권이 있기 때문에 저작자는 저작물의 사용에 따른 경제적인 대가를 받게 되며 이와 동시에 그 저작물이 사용되는 과정에서 저작자가 작품 속에 나타내고자 하는 창작의도를 그대로 유지시킬 수 있는 것이다.

한편 토지와 같은 부동산도 공공의 목적 등을 위해 일정한 범위 안에서 재산권의 행사가 제한되는 것처럼 저작재산권도 일정한 범위 안에서는 저작자가 그 권리를 행사할 수 없도록 되어있다. 예를 들면 비영리 목적의 개인적인 이용이나 교육 혹은 시사보도를 위한 경우 등에 대해서는 저작재산권의 일부가 제한된다.

법으로 보호받는 저작물의 범위와 기간

저작물을 만들었다고 해서 모두 「저작권법」으로 보호되는 것은 아니다. 무엇보다도 창작성이 있어야 한다. 「저작권법」에서 창작성이란 남의 것을 베끼지 않고 작가 자신의 독자적인 사상 또는 감정의 표현을 담고 있음을 의미하는 것으로 높은 수준의 창작성이 요구되는 것은 아니다. 나아가 「저작권법」은 표현된 것을 보호하는 것이지 아이디어 자체를 보호하는 것이 아니며 이점에서 산업재산권과 구분된다. 예를 들면 요리책을 그대로 복사하는 행위는 「저작권법」에 의해 저작권 침해가 되지만 요리책 속에 쓰인 방식대로 요리를 하는 것은 「저작권법」과 아무런 관계가 없다.

일부 국가(주로 영미법계 국가들)에서는 저작물이 고정되어있는 것을 저작권 보호의 요건으로 하고 있지만, 우리나라 「저작권법」에서는 이를 채택하고 있지 않다. 따라서 녹음되지 않은 즉흥시 등도 저작권으로 보호될 수 있다. 「저작권법」상 예시되어있는 저작물의 종류는 '어문저작물/음악저작물/연극저작물/미술저작물/건축저작물/사진저작물/영상저작물/도형저작물/컴퓨터프로그램저작물/2차적저작물, 편집저작물'로 구분되어있으나 이는 하나의 예시이기 때문에 이 밖에도 다른 형태의 저작물이 있을 수 있다(「저작권법」 제4조).

특허나 상표와는 달리 「저작권법」에는 2차 저작물이라는 것이 있다. 2차 저작물이란 기존의 원저작물을 번역, 편곡, 변형, 각색, 영상제작 그 밖의 방법으로 작성한 창작물을 뜻한다(「저작권법」 제5조). 예를 들면 소설을 영화로 만드는 경우 그 영화는 2차 저작물이 되며, 외국 소설을 한국어로 번역하는 경우 그 번역물이 2차 저작물이 된다. 2차 저작물을 제작하는 창작자는 원저작물의 저작권자로부터 실시에 대한 허락을 받아야 하지만, 2차 저작물이 완성되면 자신만의 저작권도 생긴다는 특징이 있다.

한편 「저작권법」은 다섯 가지 종류의 저작물을 '보호받지 못하는 저작물'로 규정하여 일반 국민 모두의 공유물로 하고 있다. 이는 국민에게 널리 알리고 자유롭게 이용하게 하여야 할 성질의 것들로 공익적 견지에서 저작권의 보호를 제한한 것이다. 「저작권법」상 보호를 받지 못하는 저작물에는 다음과 같은 것들이 있다(「저작권법」 제7조).

1. 헌법·법률·조약·명령·조례 및 규칙
2. 국가나 지방자치단체의 고시·공고·훈령 그 밖에 이와 유사한 것
3. 법원의 판결·결정·명령 및 심판이나 행정심판절차 그 밖의 이와 유사한 절차에 의한 의결·결정 등
4. 국가 또는 지방자치단체가 작성한 것으로서 제1호 내지 제3호에 규정된 것의 편집물 또는 번역물
5. 사실의 전달에 불과한 시사보도

이에 따라 단순한 뉴스를 이용하는 것은 「저작권법」상 문제가 되지 않는다. 그러나 '사실의 전달에 불과한 시사보도'란 시사성을 띤 소재를 기자 등이 주관적인 비평이나 논평 없이 그대로 전달하는 것을 말하는 것이라서 시사보도에 함께 게재되어있는 사진의 학술·예술적 창작성을 인정할 수 있는 경우에는 그 사진만 따로 보호의 대상이 되므로 유의하여야 한다.

저작재산권은 저작자의 생존기간과 사망 후 70년간 존속하는 것을 원칙으로 하고 있다. 공동저작물인 경우에는 맨 마지막으로 사망한 저작자를 기준으로 사후 70년간 존속한다.

저작권도 등록해야 할까

저작권 등록이란 저작자의 성명 등 저작물에 관한 일정한 사실관계와 법률관계를 '저작권 등록부'라는 공적인 장부에 등재하여 일반 국민에게 공시하는 제도를 말한다. 원칙적으로 저작권은 창작과 동시에 발생하지만, 등록을 해두면 등록 시 기재한 연월일에 저작물을 창작, 공표한 것으로 추정을 받으며(등록일 기준으로 1년 이내) 성명이 등록된 저작자가 진정한 저작자인 것으로 추정받는 효과가 발생한다.

창작연월일, 공표연월일, 저작자의 실명 등을 등록하는 '저작권 등록'은 저작자나 상속인 등이 할 수 있다. 그러나 저작재산권의 양도 등 권리변동에 관한 등록은 양도인과 양수인이 공동으로 신청해야 하며 양도인의 단독 신청 승낙서가 있으면 양수인 혼자서도 등록할 수 있다. 저작권을 등록하려면 '저작권 등록 신청서, 저작물 명세서, 복제물, 등록세 영수증, 등록사유를 증명할 수 있는 서류와 수수료'를 준비하여야 한다. 저작권 등록 신청서와 저작물 명세서는 저작권 등록업무를 담당하고 있는 '한국저작권위원회'에서 직접 교부받거나 한국저작권위원회 저작권 등록 사이트www.cros.or.kr에서 신청하면 된다. 저작물의 복제물은 사진이나 전자적 기록 매체(파일)로도 제출할 수 있다.

저작권 등록의 효력

등록되어있는 저작권, 배타적발행권, 출판권 또는 저작인접권을 침해한 자는 그 침해 행위에 과실이 있는 것으로 추정 받는다. 따라서 저작권 등록은 해당 저작권으로 당장 큰 이득을 기대하지 않는다 하더라도 등록을 해두는 것이 좋다. 저작권에 대한 분쟁이 생길 때 입증이 용이하고, 저작자 사후에도 저작권의 침해에 대하여 쉽게 대항할 수 있기 때문이다.

저작권의 변동, 즉 저작재산권 양도나 처분 제한, 저작재산권을 목적으로 하는 질권의 설정은 저작권 등록을 하지 않으면 제3자에게 대항할 수 없다. 하지만 이 경우에도 저작권 등록은 권리변동의 성립 요건이 아니므로 저작재산권의 양도 등록이 없어도 권리변동은 유효하다. 법률적인 용어가 많아 어렵게 느껴질 수 있으니 조금 더 쉽게 설명해보도록 하겠다.

위에서 말한 제3자란 저작권의 양도나 처분 제한 또는 질권의 설정 등에 관계한 당사자가 가지는 법률적인 지위와 '양립할 수 없는' 지위를 가진 사람을 말한다. 저작권자가 이중으로 저작권 양도계약을 하였거나 저작권을 양도한 후 이용 허락을 한 경우 그 당사자를 말한다.

해당 저작재산권을 양도받은 사람은 이를 등록하지 않았더라도 다른 사람이 저작재산권을 무단으로 침해한 경우에는 자신의 명의로 그를 고소할 수 있다. 그러나 저작권의 이중 양도와 같은 경우, 나중에 양수받은 제2양수인이 먼저 저작권 등록을 해버리면 진정한 권리자로 먼저 양수받은 제1양수인에게 대항할 수 있으므로 이런 의미에서 저작권의 권리변동 등록은 강력한 효력을 가진다. 저작권 침해에 따른 법정 손해배상을 청구하기 위해서라도 침해행위가 일어나기 전에 저작권 등록은 필요한 셈이다.

저작권 침해란 어떤 행위를 말하는가

저작권 침해란 법률상 저작권 행사가 제한되는 경우를 제외하고 "저작권자의 허락 없이 저작물을 이용하거나 저작자의 인격을 침해하는 방법으로 저작물을 이용하는 것"이라고 할 수 있다. 그런데 「저작권법」상 직접적인 침해가 아닌 것도 침해로 간주되는 경우가 있다 (「저작권법」 제124조).

1. 우리나라에서 만들어졌더라면 다른 사람의 저작권을 침해하는 것으로 될 물건을 우리나라에 배포할 목적으로 수입하는 행위
2. 저작권을 침해하여 만들어진 물건임을 알면서 배포할 목적으로 소지하는 행위
3. 프로그램의 저작권을 침해하여 만들어진 프로그램의 복제물을 그 사실을 알면서 취득한 자가 이를 업무상 이용하는 행위

이 세 가지는 직접적인 저작권 침해행위나 침해행위로 간주되는 것은 아니나 「저작권법」에서 일정한 행위를 하지 못하도록 금지하고 있는 것이다. 이밖에 '기술적 보호조치를 무력화하는 행위/권리관리 정보를 제거하거나 변경하는 행위/암호화된 방송신호를 무력화하는 행위/저작물의 라벨을 위조하는 행위/영화관에서 영화를 몰래 촬영하는 행위/권한 없이 방송 전 신호를 제3자에게 송신하는 행위'를 하여서는 안 된다(「저작권법」 제104조의 2, 3, 4, 5, 6, 7).

저작권 침해행위 대응방안 : 민사상

저작권자는 그 권리를 침해하는 자에 대해서 침해가 현재 이루어지고 있는 경우, 침해의 정지를 청구하거나 침해가 예상될 경우 침해의 예방 또는 손해배상의 담보 및 침해행위에 의하여 만들어진 물건의 폐기나 그 밖에 필요한 조치를 청구할 수 있다(「저작권법」 제123조). 그러나 침해가 없다는 내용의 판결이 확정된 때는 신청자는 그 신청으로 인하여 발생한 손해를 배상하여야 한다.

고의 또는 과실로 저작재산권을 침해한 자에 대해서 저작재산권자는 손해배상을 청구할 수 있다. 그 손해배상액은 침해자가 그 침해행위로 인하여 얻은 이익액 또는 저작재산권자가 권리행사로 통상 얻을 수 있는 금액 등이 기준이 된다(「저작권법」 제125조). 손해액을 산정하기 어려운 때는 변론의 취지 및 증거조사의 결과를 참작하여 상당한 손해액을 인정할 수 있다(「저작권법」 제126조).

저작재산권자 등은 고의 또는 과실로 권리를 침해한 사람에 대하여 사실심의 변론이 종결되기 전에는 실제 손해액 또는 인정 손해액에 갈음하여 침해된 각 저작물 등마다 1천만 원(영리를 목적으로 고의로 권리를 침해한 경우에는 5천만 원) 이하의 범위에서 상당한 금액의 배상을 청구할 수 있다. 이러한 법정손해배상을 청구하려면 침해행위가 일어나기 전에 그 저작물 등이 등록되어있어야 한다. 법원은 이러한 청구가 있는 때는 변론의 취지와 증거조사의 결과를 참작하여 위 범위 내에서 상당한 손해액을 인정할 수 있다(「저작권법」 제125조의2).

저작권자는 고의 또는 과실로 저작인격권을 침해한 자에 대해서도 손해배상을 청구하거나 손해배상과 함께 명예회복에 필요한 조치를 청구할 수 있다(「저작권법」 제127조).

저작권 침해행위 대응방안 : 형사상

저작권의 침해에 대한 형사상의 벌칙으로 저작재산권 등의 권리를 침해한 경우에는 5년 이하의 징역 또는 5천만 원 이하의 벌금에 처할 수 있도록 규정되어있다(「저작권법」 제136조). 저작인격권을 침해하여 저작자의 명예를 훼손시키거나 허위등록을 한 경우에는 3년 이하의 징역 또는 3천만 원 이하의 벌금에 처하며 출처 명시를 위반한 경우에는 500만 원 이하의 벌금에 처한다(「저작권법」 제138조). 한편 저작권 침해와 관련된 형사 제재는 친고죄로서 피해를 당한 저작권자로부터 고소가 있어야 한다(「저작권법」 제140조). 다만 영리를 목적으로 또는 상습적으로 저작권을 침해한 자/업으로 또는 영리 목적으로 기술적 보호조치 무력화, 권리관리정보 제거 등을 한 자/저작권 허위

등록 저작자가 아닌 자의 저작자 표시/저작자 사후의 저작인격권 침해/무허가 저작권위탁관리업 운영 등의 경우에는 비친고죄이다. 이 경우 저작권자의 고소·고발이 없어도 검사가 수사에 착수할 수 있다(「저작권법」 제140조 단서).

저작권위원회의 역할과 조정제도

한국 저작권위원회의 주요 역할은 '분쟁의 알선과 조정/저작권 연구/저작권 정책 수립 지원/기술적보호조치 및 권리관리정보에 관한 정책 수립 지원' 등이다. 또한 저작권 위탁관리업자의 수수료율 또는 금액에 관한 사항과 저작물 이용의 법정허락 시 지급해야 하는 보상금의 기준 등을 심의한다.

조정제도란 전문가로 구성된 조정부가 저작권 분쟁 당사자의 합의를 유도함으로써 분쟁 당사자가 분쟁에서 신속하게 벗어날 수 있도록 지원하는 제도이다. 저작권에 관한 분쟁이 발생할 경우 법정으로 가지 않고 가장 신속하게 처리할 수 있는 방법이다. 저작권에 관련된 분쟁 모두가 다루어지며 신청비용은 1만 원에서 10만 원 정도 소요된다. 처리기한은 신청일로부터 3개월 이내에 이루어지므로 소송보다 빠르고 한국 저작권위원회의 조정 성립 시 효력은 재판상 '화해'에 해당되어 법원의 확정 판결과 동일하다.

저작권에 관한 분쟁은 주로 민사상의 분쟁이고 그 가액도 다른 민사소송과 비교하여 대단히 적은 경우가 많다. 게다가 소송을 제기하여 최종 판정을 받는 데 오랜 시간이 걸릴 뿐 아니라 비용도 많이 든다. 저작권 침해자 또는 이용자와 저작권자의 관계는 계속적 거래관계인 경우가 많으며 저작물의 이용이 긴급한 경우가 많은 점 등을 고려하면 소송에 의한 방법보다는 조정제도를 이용하는 편이 바람직하다. 조정은 엄격한 법규의 구속을 떠나서 당사자의 상호 양보를 통해 이치에 맞고 현재 실정에도 맞는 적절한 해결을 구할 방법이 될 수 있다. 또한 당사자 간에 감정의 앙금을 남기지 않을 수 있는 합리적 방법이다.

한국 저작권위원회는 위의 기능 외에 '국민의 저작권 의식제고 및 저작권 제도 발전을 위해 교육/연수사업 홍보/출판사업 조사/연구사업 및 자료수집 제공' 등의 사업을 하고 있다. 「저작권법」이나 국제협약 등에 관한 여러 문제에 대하여 저작권 전문가가 직접 상담에 응하고 있으므로 실무상 알쏭달쏭한 문제가 생긴다면 적극 활용해보자.

저작권 상담은 홈페이지, 전화, 내방 혹은 서신 상담도 가능하다. 더 자세한 내용은 한국 저작권위원회 홈페이지www.copyright.or.kr에서 찾아볼 수 있다.

PCT 특허와
마드리드 상표로
해외진출 시동 걸기

　국가마다 「특허법」, 「상표법」 등의 지식재산권법이 다르기 때문에 과거에는 출원인이 개별 국가마다 특허 및 상표 출원을 각각 진행해야 했다. 같은 유럽국가라 하더라도 영국에서 A라는 발명을 출원한 출원인은 같은 날짜에 A 발명을 독일에 출원해야 독일에서의 특허권을 별도로 인정받을 수 있었다. 국가마다 법이 다르다는 이유로 벌어진 이와 같은 불합리함은 1883년 세계 각국이 프랑스 파리에 모여 '공업소유권에 관한 파리협약'을 맺으면서 해소되기 시작하였다. 이 파리협약은 다음과 같은 세 가지 대원칙을 내세웠다.

- 내국민 대우의 원칙
- 우선권 제도
- 각국 산업재산권 독립의 원칙

'내국민 대우의 원칙'은 예를 들어 미국 시민권자가 아니더라도 미국에 특허 출원을 하면 미국인과 동일한 대우를 해달라는 원칙이다. 이러한 원칙에 의거해 우리나라 국민들도 미국이든 중국이든 특허 출원을 공정하게 진행할 수 있게 되었다.

파리협약의 두 번째 원칙인 '우선권 제도'는 각 국가의 법이 달라서 생기는 문제를 해결하기 위해서 한 국가에서 출원한 지식재산권은 출원한 지 1년이 지나기 전에 파리협약에 가입한 국가라면 어디든지 출원할 수 있게 한 것이다. 이를 '우선권'이라고 하는데 원래 출원한 국가의 출원일자를 인정해주는 혜택을 말한다.

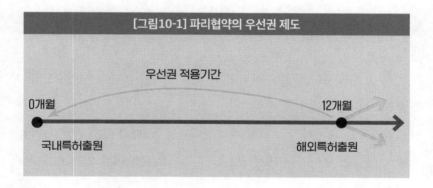

[그림10-1] 파리협약의 우선권 제도

우선권 적용기간

0개월

12개월

국내특허출원

해외특허출원

우리나라도 파리협약에 가입했기 때문에 국내 특허청에 출원된 특허 출원이라면 12개월 이내에 해외에 진출할 수 있고 우리나라 출원일자를 최초의 출원일자로 인정받을 수 있다. 상표와 디자인의 경우에는 이 기간이 12개월이 아니라 6개월인데 사실 6개월은 너무 촉박하기 때문에 개정될 필요가 있다고 생각한다. 물론 상표의 경우 우리나라에서 출원한 지 6개월이 지났다고 해도 해외에 그와 유사한 상표가 없는 경우에는 등록받는 데 지장이 없으므로 6개월이 지났다고 해서 해외 상표를 포기할 필요는 없다. 하지만 디자인의 경우 국내에 디자인 출원을 한 후 전시회나 박람회에 공개하는 경우가 많아 디자인 출원을 해외에서 하고자 하는 기업들은 반드시 우리나라 출원과 동시에 해외 출원을 준비하는 것이 바람직하다고 하겠다.

PCT 국제특허 출원이란 무엇인가

한편 파리협약에 의한 특허 출원을 진행하더라도 '우선권'만 인정되는 것일 뿐 모든 서류는 각 국가의 규정에 맞게 제출해야 한다. 즉 10개 국가에 특허 출원을 한다면 10개의 언어와 10개의 서식으로 된 출원 서류를 각각 제출해야 하는 번거로움을 피할 수 없다. 이러한 불합리함을 개선하기 위해서 파리협약과는 또 다른 특허협력조약이 새로 생겼는데 이것이 바로 '세계특허'로 잘못 알려져 있는 PCT 국제특허 출원이다.

PCT 국제특허 출원은 말 그대로 '출원'이다. 하지만 일반적인 각 국가별 출원이 아니라 해외 출원을 나가기 위한 '전초적인 출원'이라는 것이 특징이다. 국내에서 특허 출원을 진행한 이후 12개월 안에 '우선권 주장'을 하면서 PCT 국제특허 출원을 하면 PCT에 가입되어있는 150여 개의 국가에 진입할 수 있는 '잠재적인 지위'를 얻

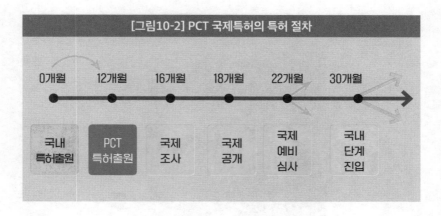

[그림10-2] PCT 국제특허의 특허 절차

0개월	12개월	16개월	18개월	22개월	30개월
국내 특허출원	PCT 특허출원	국제 조사	국제 공개	국제 예비 심사	국내 단계 진입

게 된다.

PCT 국제특허 출원은 절차와 서류를 통일시키기 위한 PCT 조약에 의한 출원이기 때문에 PCT 국제특허 출원을 통해서 출원을 진행하면 서류를 각 국가별로 준비하지 않아도 되는 편리한 점이 있다. 하지만 PCT 조약에 가입되어있는 모든 국가의 특허권을 한 번에 받는 것은 아니다. PCT 국제특허 출원을 하더라도 최초의 특허 출원일로부터 30개월(국가마다 31, 32개월로 차이가 있음)이 지나기 전에 번역문과 수수료를 납부하면서 해당 국가로 진입해야 하고, 이후 해당 국가의 특허청에서 심사가 이루어지는 것이다.

PCT 국제특허 출원 절차와 비용

PCT 국제특허 출원을 진행하려면 최소 300만 원 이상의 비용이 소요된다. 일단 PCT 국제특허 출원 절차를 밟으려면 스위스에 있는 '세계지식재산권기구WIPO'의 국제사무국에 관련 서류를 제출하고 WIPO

[그림10-3] PCT국제특허 출원 등을 관장하는WIPO 세계지식재산권기구

가 관장하는 국제조사기관의 조사를 받아야 한다. 이 과정에서 최소한의 관납료(기관에 납부하는 비용)가 180만 원 이상 필요하다. 나머지 비용은 특허사무소에서 제공하는 서비스 비용이다.

30개월의 기간연장 효과

이렇게 많은 비용이 소요되는데 '한 번에' 각국의 특허권을 획득하는 것도 아닌 PCT 국제특허 출원은 왜 인기가 높은 걸까?

이유는 바로 30개월 이상의 기간연장 효과 때문이다. 앞에서 설명한 일반적인 파리조약에 의한 해외 출원의 경우 국내에서 출원한 날로부터 12개월 이내에 다른 나라에 우선권을 동반한 특허 출원을 진행해야 하는데, 실제로 사업을 하다 보면 12개월이라는 시간은 생각보다 너무 짧은 것이 사실이다. 아이디어에서부터 제품 출시까지 소요되는 시간이 보통 20개월이 넘는데, 12개월이라는 우선권 주장기간은 '이 발명품을 어느 나라에 출원할 것인지'를 선택하기에도 턱없이 부족하다.

이러한 점에서 PCT 국제특허 출원은 비록 추가적인 비용은 들지만 상대적으로 괜찮은 선택일 수 있다. 국내에 특허 출원한 날짜를 기준으로 30개월(2년 반)이라는 시간이 주어지므로 제품화하고 어느 나라로 수출할지 시장조사를 한 후 각 국가별 국내 단계에 진입하면 된다. 실질적인 '기간 연장되는 효과'가 있는 것이 바로 PCT 국제특허 출원의 최대 장점인 것이다.

▌ 상표의 해외진출은 마드리드 상표 출원으로 ▌

우리나라에서 상표를 보호받으려면 우리나라 「상표법」에서 규정하는 절차에 따라야 하는 것처럼 외국에서 상표를 보호받으려면 해당 국가의 「상표법」에 규정된 절차와 서식에 따라서 상표 등록을 받아야 한다.

하지만 각 국가별로 「상표법」의 규정이 다르고 상표 심사기준도 다르며 언어도 굉장히 다르기 때문에 일반적인 중소기업이 각 국가별로 상표를 획득하기란 굉장히 어려운 문제일 수 있다. 이를 해결하기 위해 '공업소유권에 관한 파리조약' 8년 후 각 국가들이 스페인 마드리드에 모여서 '마드리드 의정서'를 체결하였고 오늘날의 국제상표 등록제도의 기반이 되었다.

마드리드 국제상표 시스템에 의한 출원 절차와 편리한 점

국내에서 이미 등록을 받았거나 출원 중인 상표가 있으면 이를 기초로 하여 하나의 언어로 작성된 국제출원서를 하나의 본국 관청에 제출하고 한 번의 수수료를 납부함으로써 하나의 번호로 된 국제등록을 획득할 수 있다. 즉 한 번의 절차로 다수의 국가에서 보호를 받을 수 있다.

이는 개별 국가에 각각 출원서를 제출하고 각각의 수수료를 납부하는 등의 절차를 대체하여 한 번의 출원으로 여러 나라에 출원한 효과를 얻게 하는 것으로서 PCT 국제특허 출원보다 편리한 점이 있다. 또한 원칙적으로 국제출원 단계에서 각 개별국에 대한 대리인을 선임할 필요가 없어 대리인 선임비용을 절감할 수 있는 장점이 있다.

마드리드 국제상표 출원을 진행할 경우 출원인이 지정한 국가별로 요금이 계산되며 국가를 많이 지정할수록 마드리드 국제상표 출원 비용이 올라간다. 하지만 통상적으로 네 개 국가 이상의 국제상표 출원을 해야 한다면 개별적인 국제상표 출원보다 마드리드 제도를 이용하는 것이 비용 절감에 도움이 된다고 할 수 있다.

지정을 받은 국가의 관청에서 출원된 상품의 거절이유를 발견한

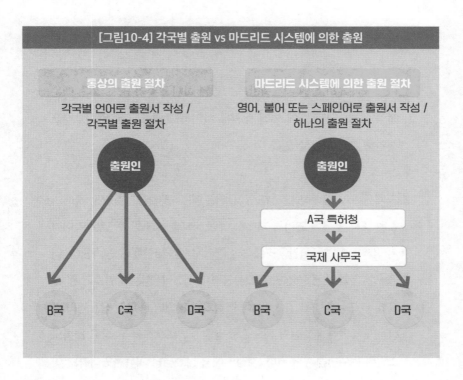

[그림10-4] 각국별 출원 vs 마드리드 시스템에 의한 출원

통상의 출원 절차

각국별 언어로 출원서 작성 /
각국별 출원 절차

출원인

B국　　C국　　D국

마드리드 시스템에 의한 출원 절차

영어, 불어 또는 스페인어로 출원서 작성 /
하나의 출원 절차

출원인

A국 특허청

국제 사무국

B국　　C국　　D국

경우, 해당 지정국 관청은 국제사무국으로부터 지정통지를 받은 날부터 1년 이내에 거절통지를 하여야 하며, 만약 그 기간 내에 거절통지를 하지 않으면 그 상표는 그 지정국에서 등록된 것과 동일한 보호를 받게 된다. 따라서 출원인은 일정 기간이 지난 후 바로 각 지정국에서의 상표권 취득 여부를 알 수 있어 편리하다.

마드리드 국제상표 출원의 약점 두 가지

마드리드 의정서에 의한 국제상표 출원은 지금 설명한 바와 같이 편리한 점이 많지만 두 가지 약점이 있다.

1. PCT 국제특허 출원 시스템만큼 가입된 회원국 수가 많지 않다. 때문에 마드리드 시스템에 의해 출원을 하더라도 원하는 국가에는 상표 출원을 하지 못할 수 있다.

2. 국제등록의 종속성 문제가 있다. 마드리드 국제상표 출원은 국내의 출원 또는 등록된 권리를 기초로 하여 국제출원을 할 수 있는 것이라서 국제등록 후 5년간은 기초가 된 국내의 권리 변동에 종속된다. 이를 국제등록의 종속성 또는 집중공격이라고 말한다. 즉 기초가 된 상표 출원 또는 상표권(한국 상표)이 등록되지 않거나 등록된 상표권이 경쟁사가 제기한 무효심판 등으로 소멸되면, 마드리드 국제상표 등록도 소멸된 범위만큼 취소된다. 지정국에서 상표권을 획득하였더라도 이 원칙이 적용되어 소급적으로 소멸될 수 있는 것이다. 따라서 해외수출 때문에 상표 출원을 하는 기업이라면 최소한 국내 상표 출원이 먼저 등록되도록 한 후(우선심사를 진행할 경우 4~5개월 소요) 마드리드 국제상표 출원을 진행하는 것이 바람직하다.

국내총생산을 기준으로 미국은 한국의 14배, 중국은 한국의 11배 규모라고 한다(2022년 4월 추정치 기준). 한 개의 발명이 한 개의 특허권에 담긴다고 했을 때 이는 한국 특허가 미국 특허보다 14분의 1의 가치만 있다는 것을 의미한다. 또한 한 개의 특허권이 저지할 수 있는 경쟁자도 미국 특허에 비해 적고 그들로부터 받아낼 수 있는 손해배상금도 적다는 것을 의미한다.

전 세계적으로 '대한민국' 브랜드는 첨단기술, 좋은 품질, 디자인으로 소문이 나 있다. 이를 기반으로 해외수출에 나서는 것은 기업 안정화를 위해 당연히 해야 하는 일이다. 앞에서도 이야기하였지만 국내에서 500억 규모의 매출을 일으킨 회사들도 '안정화'되었다고 할 수 없다. 국내 시장 규모나 인구가 증가하지 않는 이상 한반도 내에서는 시장 규모가 만족스럽게 나올 수 없기 때문이다. 이런 이유로 특히 미국, 중국, 일본, 유럽, 동남아, 인도는 반드시 확보해야 할 최우선 국가라고 할 수 있다. 두 번째로 노려볼 만한 국가는 세계적인 박람회가 열리는 네덜란드, 독일, 싱가폴, 홍콩 등을 들 수 있다.

출원하기 전에
절대 해서는
안 되는 한 가지

아이디어, 브랜드, 디자인은 너무나 연약하다. 당신의 좋은 아이디어는 당신 친구에 의해서 카피당할 수도 있고, 당신이 만든 멋진 브랜드는 시장에서 반응을 얻는 순간 '짝퉁' 브랜드에 의해서 잠식당할 수도 있으며, 공모전에서 우승한 당신의 디자인은 공모전을 유심히 지켜보던 제3자에 의해서 모방될 수도 있다. 그만큼 지식재산권은 유약하고 침해당하기 쉽다.

한편 '사업 아이템'을 알리지 않으면 투자를 받기 힘든 것도 사실이다. 사업 아이템이라고 하는 것은 완성된 제품이나 솔루션을 의미하기도 하지만, 투자를 받아야 구현이 가능한 '사업적 아이디어'인 경우도 많다. 그래서 창업자들은 공모전에 자신의 아이디어를 내보기도 하고 아직 덜 완성된 프로토타입을 들고 투자자를 찾아가거나 공공기관에서 주최하는 경진대회에서 프레젠테이션을 해보는 것이다.

혹은 제품이 나오기도 전에 외부에 공개하거나 슬라이드 셰어를 통해서 발표 자료를 업로드하기도 한다. 이뿐인가. 유튜브를 통해 아이디어와 브랜드를 공개하기도 하고 그러다가 언론사의 인터뷰 요청이 있기라도 하면 왠지 세상이 나를 알아주는 것 같아 괜히 우쭐해지기도 하는 것이다.

이런 모든 활동들을 '공개'라고 한다. 그런데 여기서 주의할 것이 있다. 특허는 '새로운 기술적 구성'에 대해서만 주어지는 것이기 때문에 이런 공개 활동들은 특허 등록을 위한 '신규성'이라는 요건을 상실시킨다는 것이다. 특히 명심해야 할 것은 특허에서 가장 중요한 등록 요건인 신규성은 '세상에 공개되지 않은 새로운 기술적 구성'이라는 것이고 '누가 공개했는지'를 가리지 않는다는 점이다.

그러므로 "유레카!"를 외치고 싶더라도 제도적으로 '공개=신규성 상실'이라는 것을 유념하고 좀 더 신중히 임하도록 하자. 대학교수들도 논문 작성에만 열을 올리고 특허 출원은 뒷전으로 미루는 경우가 많은데, '논문이 공개되면 신규성을 상실하여 특허 등록을 받을 수 없다'는 사실을 알아두어야 뒤늦은 후회를 하지 않을 수 있다.

▌ 공개를 하기 전에 반드시 출원할 것 ▌

「특허법」제29조 제1항에서는 공지/공연실시/간행물 게재/인터넷 게재 등을 '신규성 상실 사유'로 규정하고 있다. 그러나 대부분의 발명가나 사업가들은 이러한 사실을 모른 채 자신을 알리기에 바쁘다.

이러한 사정을 「특허법」 30조에서 감안해주고 있다. 비록 발명이 출원 전에 공지되었다 할지라도 '일정 요건'을 갖춘 경우 그 발명은 「특허법」 제29조 제1, 2항의 신규성이나 진보성에 관한 규정 적용 시 선행기술로 사용하지 않도록 하는 것이다. 여기서 말하는 일정 요건 이란 공개된 날로부터 12개월 이내에 출원할 경우 해당 출원에 대해서는 공개되지 않은 것으로 본다.

하지만 여기에서도 유의해야 할 점이 있다. 출원일 자체가 '공개된 날'로 소급되는 것이 아니라는 점이다. 따라서 진정한 발명자가 '공개'를 한 후 그것을 본 다른 '개량 발명자'가 플러스 알파해서 추가적인 발명을 한 후 이를 출원할 경우, 공개를 한 진정한 발명자가 개량 발명자 이후에 출원한다면 특허를 등록받을 수 없게 되는 것이다. 이것이 공개를 하기 전에 특허 출원을 하는 것이 꼭 필요한 이유이다.

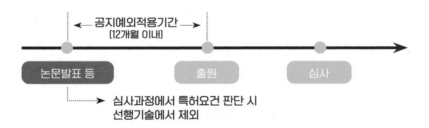

디자인의 경우도 마찬가지다. 디자이너들의 경우 디자인 작품의 공개뿐만 아니라 디자인 작품의 제작과정까지 인스타그램, 페이스북

등에 공개하는 경우가 많다. 물론 작품 활동을 알리고 퍼스널 브랜딩과 마케팅을 하는 것은 좋지만 그렇게 공개된 디자인은 '디자인권'을 받지 못한다. 특허와 마찬가지로 디자인권 등록을 받는 과정에서 가장 중요한 디자인 등록요건인 신규성을 상실하기 때문이다.

특히 디자이너들은 전시회가 많다. 디자인 소품을 판매하는 전시도 있고 장기간 준비해서 출품하는 디자인 전시회도 있다. 전시회에 출품하는 경우 출품과 동시에 신규성을 상실하기 때문에 디자인 등록을 받을 수 없다. 하지만 우리나라 「디자인보호법」에서는 이러한 디자인 공개사유에 대해 구제책을 마련해 공개된 날로부터 6개월 이내에 출원하고 출원 시에 공지된 사실을 함께 보고하거나 심사과정에서 신규성 상실이 문제가 될 경우 공개사유를 입증하면 등록이 될 수도 있다(「디자인보호법」 제36조).

탐욕적 타인을 경계할 것

상표의 경우에는 해당 상표가 부착된 상표를 사용하여 공개했다고 해서 상표권을 받지 못하는 것이 아니다. 특허, 실용신안, 디자인의 경우에는 '새로운 발명, 고안, 디자인'일 것을 등록요건으로 요구하고 있지만, 상표는 무언가를 '창작'한다기보다는 '해당 문자 로고를 선점'하는 제도이기 때문에 새로 창작된 상표일 필요는 없다. 따라서 전시회나 온라인이나 페이스북에 로고를 올린다고 해서 상표가 거절되는 것은 아니다. 다만 조심해야 할 것은 '탐욕적 타인'이다.

만약 상표 출원이 안 된 상태에서 당신의 사업이 잘 되고 있다면 당신의 부를 나누어 가지고 싶은 탐욕적 타인이 당신의 사업을 대표하는 '브랜드'인 상표를 먼저 선점(출원)할 것이다. 우리나라를 포함한 전 세계 대부분 국가들이 '상표를 실제로 사용하고 있는 사람이 상표 출원을 할 것'이라는 요건을 요구하고 있지 않다(다만 미국은 '실제 상표를 사용할 것'이라는 요건을 요구한다). 이는 상표 출원이라는 것이 사업의 준비과정에서 이루어지는 것이기 때문에 '실제 사업을 실시하기 전'이라도 상표 출원을 하는 것이 합당하기 때문이다. 지금 당장은 사업자금이 부족하여 브랜드 런칭을 못하고 있지만, 차후 그 브랜드로 사업을 하고 싶어 하는 경우 상표 출원은 할 수 있게 하는 것이 맞다고 보는 것이다. 그런데 '출원을 먼저 한 사람에게 상표권을 주는' 선출원주의를 악용하여 상표 출원을 선점하고, 이를 실제로 사용하고자 하는 사업자에게 비싸게 파는 '도메인 사이버 스쿼팅'적인 행태를 보이는 사람들이 등장했다. 한국 특허청에서는 이들을 '상표 브로커'라고 부른다.

사실 '상표 브로커'라는 표현은 옳지 않다. 상표의 거래를 중개해 주는 사람들이 상표 브로커이기 때문이다. 이런 의미에서 보자면 상표 브로커는 상표의 거래를 통한 경제의 흐름을 원활히 하기 위해 양성해야 한다고 생각한다. 이와 별도로 위에서 말한 협박범들은 '상표 소매치기'라고 불러야 마땅할 것이다. 어쨌든 상표 제도를 잘 모르는 사람들을 협박하는 자들을 현재는 '상표 브로커'라 부르고 있으므로 그 표현 그대로 사용하자면, 2010년대 들어서부터 합법적 상표 출원을 악용하여 사업가들에게 거액을 요구하는 상표 브로커들이 급증했다. 2013년에는 약 7천 건 이상의 상표가 상표 브로커들에 의해서 출원되었으며, 2014년에는 6,230건 정도의 출원이 '협박용 상표'로 탄생하였다.

이에 의한 소상공인들의 피해가 잇따르면서 특허청은 미국의 선사용주의적 요소를 가미한 「상표법」 개정을 추진하게 되었고, 이에 따라 전면개정된 「상표법」이 2016년 9월 1일 이후 상표 출원 및 심판 청구 등에 대해 적용되고 있다. 2016년 전면 개정법에 따라 2016년에는 348건, 2017년에는 247건이 상표 브로커에 신규 출원되는 등 2014년 6,230건 정도와 비교하면 무려 96% 감소한 통계를 보여주었다.

개정된 「상표법」에는 상표 출원 시에 사용계획서를 요구하는 '사용의사 확인 제도', 지정상품 과다 지정 시 수수료를 추가하는 '수수료 가산제', 특수 관계인의 성과물을 무단으로 등록한 상표의 사용 제한 규정 등을 도입하여 동업자, 투자자, 연구 용역 수행자 등의 상표 사용의사가 없는 선점 목적의 출원을 방지하고 있으며, 상표 브로커가 먼저 상표를 등록해 합의금을 요구하지 않도록 '선사용권 확대(사업한 기업의 명칭이나 상호에 대해 상표권의 효력이 미치지 않도록 하는 규정)', '미사용 상표 취소심판 청구인 범위 확대(사용하지 않는 상표에 대한 상표등록의 취소 심판을 누구나 청구할 수 있도록 하는 규정)' 등의 시행으로 이러한 행위를 차단하고 있다.

또 특허청의 '상표 브로커 피해신고 사이트'를 통해 피해를 구제

받을 수도 있다. 피해신고가 접수되면 상표 브로커로 의심되는 출원인 정보가 공유되고, 심사관 직권조사 등 엄격한 심사를 통해 부정한 목적이 의심되는 출원은 등록을 거절하는 등 상표 브로커를 집중 관리한다. 상표 출원을 상표 공개보다 늦게 한 탓에 '탐욕스러운 타인'에 의해 상표를 탈취당했다면 위와 같은 제도들을 적극 이용해보자.

중국 상표는 되도록 빨리 진행할 것

문제는 중국 상표이다. 국내에 알려진 브랜드들의 경우 중국에 존재하는 상표 브로커들이 이를 선점하여 중국 출원을 진행하기 때문이다. 디저트 업체인 〈설빙〉의 경우 중국 내에 '짝퉁 설빙'이 300여 개나 있었다. 이들은 디자인을 살짝 바꾸는 편법으로 도용을 피해갔으나 다행히 중국 상표평심위원회가 원조인 한국 설빙의 손을 들어주었다. 또 육개장 전문점인 〈이화수전통육개장〉은 현재 중국 당국에 이의신청을 청구하여 법률 대응을 진행한 결과, 중국상표평심위원회가 현지 중국 상표브로커가 선점한 '이화수'에 대해 악의적인 상표권 선점 행위로 판단하여 어렵사리 중국 시장에 진출할 수 있게 되었다.

치킨프랜차이즈인 〈호식이 두 마리 치킨〉은 '호식'을 중국식 한자로만 표기를 바꾸어 한국 로고와 거의 유사한 로고로 영업을 하고 있는 실정이다. 2019년 중국의 상표 도용으로 피해를 본 한국기업은 797곳으로, 무단 선점된 상표 수가 1,486개였으며, 2020년은 폭

한국	중국 짝퉁

증하여 2,753곳의 기업에서 3,457개의 상표가 무단으로 선점되었다. 2021년 기준으로 2016년 이래 피해 기업은 5,275곳으로, 상표 도용 사례는 총 8,121건으로 집계된다. 한국 브랜드가 돈이 되다 보니 중국 상표 브로커들이 많아졌고, 최근에는 중국뿐 아니라 동남아에서도 한국 상표 무단도용 사례가 늘고 있다.

하지만 현재까지 중국 특허청은 해외에서 유명한 상표가 중국에 출원되는 것을 거절할 법조문을 만들어놓지 않은 상태이기 때문에 대책이 없다. 한국 상표를 챙기기도 바쁜데 중국 상표까지 출원을 할 여유가 있는 사업자들이 과연 얼마나 될까 싶지만, 사업이라는 것은 금세 상황이 변하기 때문에 한국에서 조금만 유명해져도 중국에 나 아닌 다른 사람이 상표 출원을 해놓는 경우가 너무나 많다. 이를 막는 유일한 방법은 '중국 상표는 사업이 조금 번창하는 것 같다는 느낌이 드는 즉시 해야 한다'는 것이다. 어쩔 수 없다.

12강

타인의 특허를
양도받는 방법

　"하늘 아래 새로운 것은 없다."라는 말이 있다. 어느 날 갑자기 당신이 생각해낸, 아무도 모를 것 같은 기가 막힌 아이디어를 특허로 출원하겠다고 마음 먹는다면 이를 실현하는 과정에서 당신은 이 말의 의미가 무엇인지 아주 잘 이해하게 될 것이다.

　세상에 존재하는 거의 대부분의 아이디어는 이미 발행된 특허 문서에 기록되어있다고 보면 된다. 특허 받는 발명의 거의 대부분이 원천기술(또는 개척발명)이 아닌 개량발명(또는 이용발명)이다. 개량발명은 기존 기술의 조합에 따른 상승효과, 다시 말해서 특별한 효과를 인정받아 생겨난다. 세상에 원래 없던 것을 새롭게 창조하는 일만을 발명이라고 부르지 않는다는 의미이다.

　만약 당신이 생각해낸 사업 아이템과 거의 유사하거나 동일한 기술의 등록 특허를 발견하게 된다면 어떻게 해야 할까? 그렇다면 당신은 특허를 회피할 다른 기술을 연구하거나 사업 아이템을 변경해야 할지도 모른다. 그런데 만약 그 등록 특허의 특허권자가 현재 해당 특허를 사업화하고 있지 않고 앞으로도 사업화하는 데 관심이 없어 보인다면, 다시 말해 자신에게는 필요하지 않지만 다른 사람에게는 필요한 무엇인가를 소유하고 있다면 거래하는 것이 현명하지 않을까?

특허청 자료에 따르면 2021년 기준으로 우리나라 공공연구기관이나 대학이 보유한 특허는 약 38만 건이며, 그중 활용되고 있는 특허는 약 9만 5천 건으로 25.9%에 불과하다. 다시 말해 공공연구기관이나 대학이 보유한 특허 중 약 74.1%는 현재 사용되지 않는 특허란 의미이다. 또한 기업들이 보유하고 있는 특허 중 자사 제품 또는 서비스로 출시하거나, 대여(라이선스) 계약을 통해 로열티 수익을 얻고 있거나 또는 타사로부터의 공격을 방어하기 위해 활용되고 있는 특허는 2021년 기준으로 국내 특허의 경우 약 73.4%, 해외 특허의 경우 약 69.3%이다. 즉 기업들이 보유하는 특허의 26.6%는 거래가 가능하다는 의미이다.

특허 거래, 어디서 어떻게 해야 할까?

앞서 살펴본 대로 대학 및 공공연구기관 특허의 74.1%와 기업 특허의 26.6%는 라이센싱, 양도의 형태로 거래가 가능할 것으로 추정된다. 거래 정보만 알 수 있다면 특허 거래가 생각보다 그리 어렵지 않을 수 있다는 뜻이다. 하지만 특허 거래는 여러 가지 예측하지 못한 변수들과 문제들이 곳곳에 숨어있는 어렵고 지난한 과정이다. 구매자와 매도자가 생각하는 거래 가격의 차이나, 쓸만한 특허들이 거래 시장에 잘 나오지 않는다는 정도의 뻔한 어려움을 제외하고도 말이다.

따라서 이하의 내용에서는 기술이전 및 특허 거래의 본질적인 내용과 구체적인 협상 방법 등을 세부적으로 안내하기보다는 사업 초기 기업들이 비교적 쉽게 접근할 수 있는 공공지원사업 성격의 특허 거래 방법을 안내하도록 하겠다.

정부출연 연구기관의 특허를 양도받는 법

한국과학기술연구원KIST, 한국전자통신연구원ETRI, 한국에너지기술연구원KIER, 한국원자력연구원KAERI 등과 같은 과학기술 분야 정부출연 연구기관(이하 '정부출연연')은 중소기업에게 해마다 무상으로 특허를 양도하거나 무상 실시계약(라이선스)을 맺을 수 있는 프로그램을 진행한다.

사업공고는 주로 각 정부출연연 홈페이지나 기업마당 홈페이지 www.bizinfo.go.kr를 통해 공지되는데, 대부분의 공고가 신청기간이 정해져 있으므로 주기적으로 확인해야 한다. 관심 있는 정부출연연의 지식재산 활용 관련 담당 부서에 문의하고 언제쯤 공고가 올라오는지 확인해보는 것도 좋다.

특허를 양도 받을 수 있는 대상은 중소기업이다. 권리이전과 관련된 특허청 관납료와 대리인 수수료는 보통 중소기업 측에서 부담한다.

절차는 대개 특허를 양도 받으려는 기업이 '특허 활용 및 상용화 계획'과 관련한 신청서를 작성하여 해당 정부출연연에 제출하는 것을 시작으로 한다. 이후 서류심사를 통한 양수인 적격심사가 이루어지고 무상 양도 계약을 체결하는 수순으로 진행된다.

아직까지는 홍보도 부족한 편이고 수시로 검색해보지 않으면 사업 공고에 쉽게 접근하기 어려운 편이라 관심을 갖고 찾아보면 비교적 큰 어려움 없이 쓸만한 특허를 쉽게 양도받을 수 있다.

대기업의 특허를 무료로 쓸 수 있는 법

대기업 특허를 무상으로 양도받거나 무상 실시권을 얻을 수 있는 방법도 있다. 하지만 참여하고 있는 대기업들 내부에서 제도의 취지에 공감하지 못하고 그저 정부 정책에 등 떠밀리듯 시장에 나왔다는 목소리가 있는 만큼 지속 여부는 장담할 수 없다(자세한 내용은 [표 12-1] 참조).

삼성전자의 경우 2015년부터 정부기관과 협업하여 모바일기기, 통신/네트워크, 반도체, 디스플레이 등의 주요 기술 분야의 보유 특허를 중소기업에게 무상으로 개방하여 중소기업의 성장을 지원하고 있다. '삼성전자 무상특허'를 검색해보면 삼성전자가 수백 건 내지 수천 건의 특허를 중소기업에게 무상으로 이전하거나 실시를 허가했다는 기사들을 쉽게 찾아볼 수 있다.

P&G는 제품 출시 이후 3년이 지난 특허나 등록된 이후 5년이 지난 특허는 무조건 타사와 특허 라이선스 계약을 체결할 수 있도록 과

감하게 특허를 개방한다. 물론 자사 특허 라이선스 계약에 대한 로열티를 포기하는 것은 아니다. 아울러 P&G는 타사의 혁신기술을 적극적으로 받아들여 자사의 경쟁력을 높여왔다. 당연히 정당한 협상을

[표12-1] 대기업 특허 개방 관련 인센티브 및 지원 방안		
지원시책	**내 용**	**시행시기**
부가가치세 면제	특허권자가 2년 이상 보유한 특허를 무상 양도할 경우 양수자가 납부해야 하는 부가가치세*를 비과세 앞특허가 특허청에 등록된 시점부터 6개월마다 부가가치세 25%씩 감면 → 등록 후 2년이 지나면 100% 비과세	즉시 [소급 적용 가능]
동반성장지수 평가 우대	동반성장위원회의 대기업 동반성장지수 평가 시 중소기업에 특허를 무상으로 제공(라이선스 및 양도)한 실적 관련 가점 인상 : 2015년 0.5점 →2016년 1.0점	2016년
특허 수수료 감면	특허권자가 창조경제혁신센터 또는 IP-Market을 통해 특허를 개방하고 중소기업에 무상이전할 경우 특허수수료 납부 시 현금처럼 쓸 수 있는 '지식재산포인트' 지급	2015년 11월 01일
개방특허 정보 통합	8개 대기업이 창조경제혁신센터 등을 통해 개방한 총 11만여 건의 특허정보를 IP-Market에서 통합 제공	2015년 10월 23일

출처: 연합뉴스 "2년 지난 대기업 특허 무상 양도 받은 中企 부가세 면제" 2016년 2월

특허 개방 기업	담당 창조경제혁신센터	전화번호
LG 그룹	충북	043-710-5990
삼성 그룹	대구 / 경북	053-759-6380 / 054-470-2614
SK 그룹	대전	042-385-0666
현대 기아 자동차 그룹	광주	062-974-9327-8

통해 외부 혁신가에게 로열티를 지불하고 있다.

테슬라 자동차의 CEO 엘론 머스크는 자사의 특허를 누구나 사용할 수 있도록 개방한다고 선언했다. 많은 사람들이 엘론 머스크의 이러한 결정을 두고 전기 자동차 산업 인프라의 빠른 확장을 위한 전략적 선택이라고 추측한다.

개인적인 의견으로 특허 개방은 시장 상황에 따라 전략적으로 기업이 선택할 일이지 정부가 나설 일이 아닌 것 같다. 과연 이런 방식의 지원이 실효성이 있을지 의문이다. 어쨌든 이 정책이 계속 도입된다면 중소기업 입장에서 대기업의 특허를 쉽게 얻을 수 있으므로 제도의 옳고 그름은 각자의 판단에 맡기고 이에 대해 관심을 갖고 필요한 정보를 찾아보는 습관을 들일 필요가 있다.

이제 오픈 이노베이션은 거부할 수 없는 거대한 시대의 흐름이다. 하지만 우리나라 기업들은 아직도 외부로부터의 혁신보다 내부로부터의 혁신에 치중하는 경향이 강하다. 오픈 이노베이션을 위해서는 먼저 적극적으로 타인의 기술을 이해하고 받아들일 준비가 되어있어야 한다. 특허 거래는 오픈 이노베이션을 실현하는 데 있어 매우 중요한 요소임을 잊지 말아야 한다. 사업 초기 기업이라면 특히 적극적으로 대기업 무료 개방 특허 중 자사 연구 개발에 도움이 되는 것이 있는지 살펴보길 바라며, 공공연구기관이나 대학의 특허를 이전받을 경우 정부지원사업 신청 시 가점 사항이 되거나 자금 조달에 유리하다는 점을 잘 인지해야 할 것이다.

기술거래 정보를 알 수 있는 곳

기술거래 정보 공개에 적극적인 기관은 어디일까? 당연히 기술 라이선스 아웃Licence out이나 기술 양도를 목표로 운영되는 공공연구기관이나 대학일 것이다. 따라서 각 공공연구기관과 각 대학별로 운영하는 수많은 홈페이지에도 특허 거래 정보가 공지되어있다. 그렇다면 거래할 만한 특허를 찾기 위해 각 기관별로 구축한 수많은 거래 정보 사이트를 찾아다녀야만 할까?

지금부터 소개할 사이트들은 이런 문제를 해결하기 위해 구축된 통합 검색 사이트들이다. 이들 사이트들은 공공연구기관과 대학의 특허 거래 정보만 구축된 것이 아니다. 민간기업과 개인의 특허 거래 정보도 포함된 경우가 많으니 참고하기 바란다.

한국산업기술진흥원의 NTB 기술은행 : http://www.ntb.kr

NTB 기술은행은 국가기술자산(공공·민간의 R&D 성과물 등)의 활용도를 높이고 산업계로의 확산을 촉진하여, 기술경쟁력 강화와 국가경제 발전에 이바지하기 위한 목적으로 기술사업화 전 과정에서 참여 주체들이 활발하게 국가기술자산을 활용할 수 있도록 하기 위한 종합적 지원체계를 구축·운영하고 있다.

기술거래 방법은 대부분 유상이며 거래를 위한 접촉은 해당 기술을 보유한 각 공공연구기관이나 대학의 기술이전기구TLO를 통해 이루어진다. 홈페이지상에 해당 기술에 대한 기술거래 담당자 정보가 대부분 명시되어있으니 전화나 메일로 연락하면 된다.

한국발명진흥회의 IP-Market : http://www.ipmarket.or.kr

기술거래 O2O 플랫폼이다. 지식재산의 역동적 흐름을 통한 국부 창출을 사명으로 하고 있다. 대부분의 거래 정보에서 특허권자에 대한 정보가 누락되어있어 특허권자와 직거래를 하기는 어렵다. 대신 발명 진흥회 내의 특허거래 전문관의 중개를 통해 특허 거래를 할 수 있다.

기술보증기금 테크브릿지 : http://tb.kibo.or.kr

기술 수요자와 공급자 간의 직거래보다는 기술보증기금 내부의 인력에 의해 기술거래가 이루어진다는 면에서 한국발명진흥회의 IP-Market과 유사하다. 현재 가장 많은 거래 기술 정보를 보유하고 있다.

13강

돈이 없을 때
출원비용
확보하는 방법

　지식재산권을 출원하여 등록을 받기까지의 여정은 꽤나 길고 험난하다. 게다가 이러한 과정 중에는 필연적으로 비용의 지출이 발생한다. 매출이 발생하기 전 상태인 사업 초기 기업이나 한 푼이라도 아껴야 할 예비 창업자라면 지식재산권 출원과 관리, 등록으로 소요되는 비용이 큰 부담으로 다가올 것이다.

　비용을 아끼기 위한 방법 중 하나로 대리인 없이 출원과 관리, 등록의 전 과정을 직접 진행하는 것을 생각해볼 수 있다. 발명자가 직접 특허 출원 명세서를 작성하고 특허청에서 제공하는 온라인 전자출원 소프트웨어를 활용하여 출원하는 방법을 가르치는 교육 프로그램들도 존재한다. 게다가 특허청에서 이러한 방법을 권장하는 홍보물까지 제작해 사람들의 관심을 유도하기도 한다.

　그러나 우리는 이러한 방법을 그다지 권장하고 싶지 않다. 교육 프로그램에 관심을 가지는 것까지는 좋으나 비전문가에 의해 진행되는 출원이 과연 제대로 된 권리 확보를 위해 도움이 될지 조금만 생각해보자. 당신의 사업 아이템이 제대로 담겨야 할 가장 중요한 문서, 즉 '특허 출원서'를 비전문가인 당신이 직접 작성하는 것이 과연 '산뜻한 스타트'가 될까? 분명 놓치는 부분이 있을 것이다. 비용이 조금 든다고 하더라도 지식재산 전문가에게 맡기는 것이 현명한 방법일 수 있다.

우리나라 특허청에서는 중소기업과 소상공인을 위한 다양한 출원비용 지원사업을 진행하고 있다. 특허청에서는 국민들의 지식재산 확보를 지원하기 위해 30개가 넘는 지역에 지역지식재산센터를 설치하여 '특허/상표/디자인권'에 대한 도움이 필요한 사업가라면 언제든지 가까운 지역에 위치한 지역지식재산센터를 방문하거나 전화로 문의할 수 있다. 특허청 외에 중소벤처기업부, 미래부 등 여러 정부기관의 창업 및 중소기업 지원 프로그램을 통해서도 출원 비용의 전부나 일부에 대한 비용을 지원받을 수 있다.

제대로 권리 확보가 가능한 수준까지 공부할 시간이 있다면 앞서 소개한 지원 프로그램을 활용하면서 잠재 고객을 만나거나 비즈니스 모델에 대한 검토 등 사업 아이템에 집중하는 것이 바람직하다. 정부 주도의 여러 가지 출원 지원사업은 정부 방침의 변경이나 사업 성과에 따른 검토 등 여러 가지 이유로 거의 해마다 바뀌어 공고된다. 따라서 세부적인 사업 내용과 지원 자격, 지원 시기 등에 대한 구체적 내용보다는 이러한 정보를 얻거나 도움을 받을 수 있는 웹사이트나

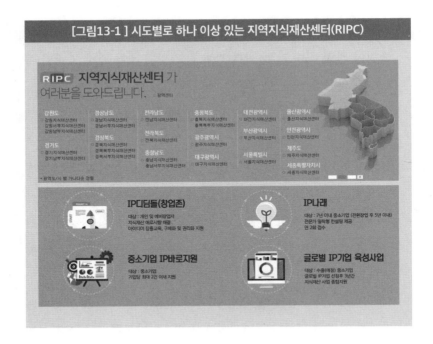

[그림13-1] 시도별로 하나 이상 있는 지역지식재산센터(RIPC)

기관에 대한 정보를 알아놓는 것이 더 필요하다.

지역지식재산센터는 각 시도별로 하나 이상 있으며 통합 홈페이지를 통해 지원사업 정보를 쉽게 확인할 수 있다. 지원사업을 신청하려는 개인이나 기업은 자신이 속해 있는 지역의 지식재산센터가 어디인지를 확인하고 통합 홈페이지와 개별적으로 구축한 지역별 홈페이지 정보를 미리 알아두도록 하자. 경우에 따라 통합 홈페이지가 아닌 지역별 홈페이지만을 통해 사업공고가 게재되는 수가 있고 그 반대인 경우도 있다.

지역지식재산센터의 지원사업 내용은 크게 지식재산권의 창출/보호/활용/교육 등으로 나눌 수 있으며 지원 대상은 주민등록 또는 사업자 등록상 해당 지역의 시도민과 소재 기업을 대상으로 한다.

지식재산 창업촉진을 위한 'IP 디딤돌 사업'

IP 디딤돌 사업의 목적은 "국민의 창조적 아이디어를 발굴·선정하여 이를 기술적으로 발전시켜 지식재산권화하고 창업·사업화 등으로 후속연계 지원"하는 데 있다. 지원 대상은 개인 사업자 또는 예비 창업자이며 법인인 경우에는 뒤에서 살펴볼 'IP 나래 사업'을 지원하면 된다.

IP 디딤돌 사업은 기존의 IP 지원사업을 폐지하고 2017년에 새로 도입된 사업이다. IP 디딤돌 사업은 아이디어의 창출부터 구체화, 권리화, 제품화(3D 설계 및 모형제작), 그리고 창업 컨설팅까지 지원하는 사업으로 2022년 기준 1건당 160만 원을 지원한다. 단, 총사업비의 20%(32만 원)의 개인 분담금이 있는데, 한국발명진흥회 지정 교육과정인 IP 창업 Zone 교육 프로그램을 수료하는 경우 개인 분담금을 면제받을 수 있다.

이와 같은 지원 내용과 지원 금액 등의 규정이 향후 다시 변경될 수 있다. 따라서 정확한 정보는 각 지역지식재산센터 홈페이지를 통해 확인해보자.

[그림13-2] IP 디딤돌 사업의 지원 내용

아이디어 발굴 ▶ 아이디어 상담, 아이디어 선정

아이디어 교육 ▶ 아이디어 발상기법, 아이디어 구체화
특허정보 검색

아이디어 권리화 ▶ 선행기술조사 후 아이디어 구체화
아이디어 특허, 출원 및 등록

아이디어 제품화 ▶ 제품화 컨설팅, 3D 모델링 지원

창업 컨설팅 ▶ 창업 교육 제공, 창업자 간 교류
네트워크 형성

[그림13-3] IP 나래 사업 지원 내용

IP 기술전략 ▶
- 선행기술조사(경쟁사 특허분석)
- 유망기술 도출(미래 전략)
- IP 분쟁예방 전략(분쟁 대비)
- 강한 특허권 확보(경쟁력 강화)
- 특허 포트폴리오 전략 등 맞춤형 기술컨설팅 제공

IP 경영전략 ▶
- IP 인프라 조직 구축 설계
- IP 자산구축 전략(기술평가)
- IP 사업화 전략(기술거래)
- IP 관리활용 전략(지속성장)
- IP 브랜드 디자인 연계 등 맞춤형 경영컨설팅 제공

창업 7년 이내 법인 사업자라면 'IP 나래 사업'

개인사업자 및 예비 창업자에게 'IP 디딤돌 사업'이 있다면, 법인 사업자에게는 'IP 나래 사업'이 있다. IP 나래 사업의 목적은 "창업 후 7년 이내 중소기업의 보유기술에 독점적 권리를 도출하여 시장 경쟁력을 강화하고 지식재산 기반 경영 기초를 설계하여 지속성장 기업이 되도록 지원"하는 것이다.

IP 나래 사업 지원 내용은 'IP 기술전략'과 'IP 경영전략'으로 구분된다. 총 컨설팅 수행비는 1,720만 원 내외에서 지원이 가능하며, 기업이 출자해야 할 자기 부담금은 총 수행비의 현금 15%와 현물 15%를 포함하여 총 30%이다.

IP 나래 사업의 특징은 저렴한 비용으로 지식재산권 분쟁을 예방하고 IP 포트폴리오 구축 컨설팅 같은 고가의 전문가 컨설팅을 지원받을 수 있다는 점이다. 기업 입장에서는 기존의 일방적 출원 지원사업보다 실질적인 도움을 받을 수 있다. 구체적인 지원 내용은 [그림 13-3]을 참고하기 바란다.

사업 추진 일정은 보통 1년에 3회 정도의 모집공고를 통해 지원자를 모집하고 서류 심사 및 현장 실사, 내부 위원회를 통한 2차 검증 후 최종 선정 기업을 선발한다.

해외 수출 기업에게 좋은 '글로벌 IP 육성 사업'

중소기업에서 미국이나 일본, 유럽 등 해외로 지식재산권을 출원하려면 상당히 큰 비용을 지출해야 한다. 이러한 부담을 줄이려면 해외 수출 기업에게는 보다 더 좋은 조건의 지원사업이 필요한데 '글로벌 IP 육성 사업'이 이에 해당된다고 볼 수 있다. 지원 내용 및 지원 금액의 상세한 내용은 [표13-1]을 참고하기 바란다.

지원 기간은 보통 3년 정도이며 1년에 한 번 1월 또는 2월 중에 접수를 받는다.

이외에도 지식재산 경영과 교육 등 다양한 지원사업들이 있으며 내용은 각 지역지식재산센터 홈페이지나 통합 홈페이지를 통해 확인할 수 있다.

중소기업 IP 바로지원 서비스

지역 중소기업이 겪는 지식재산권에 관한 고충을 수시로 해결한다는 목적으로 시행되는 지원 사업이다. 중소기업이라면 특별한 자격 요건이나 제한 사항 없이 누구나 수시로 신청할 수 있다. 예산 소진에 따라 조기 마감되는 만큼 지식재산 관련 컨설팅이 필요하거나 해외 출원 계획이 있는 경우 되도록 서둘러 지역지식센터 담당자를 만나 상담해보길 권한다. 진행 절차는 [그림13-4]와 같고 지원 내용은

[표 13-1] 글로벌 IP기업 특성 지원 사업 주요 내용

지원사업	분류	지원금액	분담금	세부 사업별 지원한도	전체 지원 한도
해외 권리화	특허 (PCT)	300만 원 이내	30% (현물 10% + 현금 20%) *해외권리화 출원비용 분담금은 현금 30%만 적용	없음 (전체 지원 한도만 존재)	210백만 원 이내 (동일기업 기준)
	특허 (개별국)	700만 원 이내			
	상표	250만 원 이내			
	디자인	280만 원 이내			
선택형 IP		1,000만 원 이내			
특허기술 시뮬레이션		600만 원 이내			
맞춤형 IP맵	특허	2,000만 원 이내			
	디자인	1,500만 원 이내			
특허&디자인 융합		3,500만 원 이내			
비영어권 브랜드 개발		4,000만 원 이내			
글로벌 IP 경영진단		1,500만 원 이내			

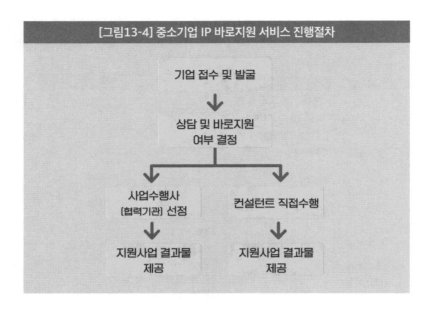

[그림13-4] 중소기업 IP 바로지원 서비스 진행절차

기업 접수 및 발굴

↓

상담 및 바로지원
여부 결정

사업수행사
(협력기관) 선정

컨설턴트 직접수행

지원사업 결과물
제공

지원사업 결과물
제공

[표13-2]를 참고하기 바란다.

국내 지식재산 출원에 대한 지원은 하지 않지만 비용 부담이 큰 해외 출원에 대해서는 지원하고 있으며 특허 맵, 디자인 맵 등의 지원을 통해 지식재산권 전략에 도움을 받을 수 있다. 뿐만 아니라 디자인, 브랜드 개발 및 목업까지 지원 받을 수 있다.

지원사업 내용은 특허청의 정책 방향이 변경되거나 지원 기관의 사정에 따라 수시로 바뀌는 만큼, 사업을 위해 필요한 지원사업에 어떤 것이 있는지 정기적으로 확인하고 준비하는 것이 좋다.

지역지식재산센터를 통해 출원을 지원 받는 방법 외에도 각종 창업 지원사업 및 정부 R&D 과제 선정을 통해 출원 비용을 확보할 수

[표 13-2] 중소기업 IP 바로지원 서비스 주요 내용				
세부 사업별 지원 규모		분담금	전체 지원 한도	
특허	특허맵(일반)	10,000천 원 이내	30% (현물 10%+ 현금 20%)	30% 최대 2건 이내, 지원금액 20백만 원 이내
	특허기술 홍보영상제작	7,000천 원 이내		
디자인	디자인맵(일반)	10,000천 원 이내		
	제품디자인개발	13,000천 원 이내		
	제품디자인목업	7,000천 원 이내		
	포장디자인개발	7,000천 원 이내		
브랜드	신규브랜드개발	13,000천 원 이내		
	리뉴얼브랜드 개발	7,000천 원 이내		
해외 출원 비용 지원	특허(PCT)	3,000천 원 이내		
	특허(개별국)	7,000천 원 이내		
	상표	2,500천 원 이내		
	디자인	2,800천 원 이내		

있다. 예를 들어 '창업선도대학', '청년창업사관학교', '예비창업패키지', '초기창업패키지' 등과 같은 예비 창업자나 초기 창업 기업을 위한 사업화 지원사업을 통해서도 지식재산권 출원 비용의 대부분을 지원받을 수 있고, 초기 기업이라면 '창업성장기술개발사업'과 같은 정부 R&D 과제와 각 지방자치 단체별로 진행되는 여러 지원사업 등

을 통해서 지식재산권 출원 비용을 지원받을 수 있다.

사업화 지원사업과 정부 R&D 과제 지원은 통합 공고 사이트인 K-스타트업 홈페이지www.k-startup.go.kr를 통해 확인할 수 있으며, 정부 R&D 과제 소관 부처가 중소벤처기업부인 경우 중소기업 기술개발사업 종합관리시스템 홈페이지www.smtech.go.kr를 통해 확인할 수 있다.

누군가 당신의
특허를 침해했다면?

　지금까지는 '지식재산권의 확보' 측면의 이야기했고. 14강부터 19강까지는 '지식재산권의 활용' 측면을 중심으로 이야기하려 한다.

　앞서 이야기한 바와 같이 특허권, 실용신안권, 상표권, 디자인권, 저작권과 같은 지식재산권은 기업의 '사업'을 보호하기 위한 사회제도적 보험이라고 할 수 있다. 당신의 사업이 잘 되고 있을 때 경쟁자들은 당신의 발명을 모방해서 돈을 벌고자 할 것이며, 당신의 브랜드와 유사한 브랜드를 만들어서 이미 사회적으로 형성된 소비자들의 신용에 무임승차하고 싶어 할 것이다. 또한 당신의 디자인에 소비자들이 열광하고 구매가 일어난다면, 당신이 애써 만든 디자인을 따라하고자 할 것이며, 당신이 창작의 고통으로 만들어낸 감동적인 표현까지도 저작권 침해에 대한 인식 없이 베끼려는 시도를 할 것이다.

　이럴 때 지식재산권은 일종의 사회 제도적 보험의 역할을 하기 때문에 '경쟁사의 침해'가 발생한 것을 '보험사고'로 비유해서 생각하면 된다. 한 가지 차이점이 있다면 보험사고는 발생하는 사건이 눈에 보이지만 지식재산권 침해라는 상대방의 침해행위는 눈에 당장 띄지 않기 때문에 각별한 대비 전략이 필요하다는 것이다.

하나, 끊임없이 모니터링하자

특허, 상표, 디자인, 저작권의 침해는 언제 어디서 일어날지 알 수 없기 때문에 입체적인 방법으로 조사를 수행해야 한다. 요즘은 온라인을 통하지 않으면 홍보를 할 수 없으므로 온라인에서 경쟁사들의 침해행위를 모니터링하는 것이 효율적이다. 매달 특정 요일을 지정해놓고 포털 검색사이트에서 검색을 하는 것도 좋다. 하지만 이보다 더 효율적인 것은 특정한 키워드를 검색하여 이를 특정한 이메일로 전송되도록 하는 '알리미' 서비스를 이용하는 것이다. 알리미 서비스는 구글에서 제공하는 일종의 '자동검색 서비스'이다. 키워드를 세부적으로 정하면 정할수록 더욱 정확하게 자동 리포트를 제공받을 수 있다(https://www.google.co.kr/alerts).

특허의 경우 '인공지능', '자율주행차'와 같이 지나치게 포괄적인 단어를 알리미로 설정해놓는 것은 그다지 효율적이지 않다. 일반적으로는 사용하지 않는 기술적인 용어를 설정해놓거나 경쟁사의 이름을 설정해놓자. 그러면 경쟁사에서 보도자료를 발표하거나 블로그 포스팅을 할 때 해당 자료들을 메일로 보내주므로 특허기술의 침해에 관한 자동적인 모니터링이 이루어진다.

상표의 모니터링은 온라인상에서 더욱 효율적이다. 앞서 이야기한 구글 알리미 서비스뿐만 아니라 네이버 지식쇼핑 및 오픈마켓 사이트에서의 직접 검색도 권장하고 싶다. 오픈마켓의 경우 '유명 상표'를 검색하는 소비자들의 검색 결과 화면 최상단에 자신의 제품들을 노출시키고 싶어하는 심리 때문에 자신이 가진 상표를 포함한 제품 설명을 하게 마련이다. 이는 일종의 검색어 조작이라 할 수 있는데, 연관 검색어를 이용한 검색 결과의 조작도 상표권자의 권리를 침해한다는 대법원 판례가 있었기 때문에 상표침해에 해당할 수 있다. 상표권자라면 반드시 자사의 상표를 주1회 이상 주기적으로 온라인 모니터링하는 것이 필요하다.

오프라인으로 모니터링하는 방법은 박람회에 꾸준히 참석하여 모니터링하는 방법과 침해 조사 회사에 의뢰를 하는 방법이 있다. 우리나라에는 지식재산권 침해 조사 회사가 활성화되어있지 않으므로 특허법률사무소의 변리사를 통해서 소개받는 것이 좋다. 또는 지식재산보호원이나 지식재산서비스협회와 같은 기관에 문의하면 조사 전문회사를 소개받을 수 있다.

지식재산권 침해 조사 회사는 온라인과 오프라인 조사가 모두 가능하고 온라인보다는 오프라인 조사에 비용이 많이 든다. 조사 후에는 리포트를 제공하며 이러한 리포트가 증거 자료로 사용될 수 있다.

둘, 증거를 모으자

모니터링을 통해 모은 데이터를 꾸준하게 관리할 필요가 있다. 최근에는 온라인 모니터링이 많이 이루어지기 때문에 온라인 증거 자료도 법원에서 넓게 인정하는 추세이다. 특히 홈페이지 디자인이나 내용물을 그대로 사용하는 예가 상당히 많은데, 화면 캡쳐로도 충분히 증거 능력이 인정된다.

하지만 화면 캡쳐 파일로 증거 자료를 확보하는 경우에는 캡쳐 파일의 생성일자도 중요하지만 '캡쳐한 시간'이 상당히 중요하다. 그러므로 반드시 시간이 드러나는 방식으로 캡쳐하도록 하자.

데스크탑을 이용할 경우에는 데스크탑 우측 하단에 등장하는 날짜와 시계화면이 같이 나타나게 캡쳐하는 것을 권장한다. 상대방이 블로그나 쇼핑몰 등을 통해 상표권, 저작권을 침해하는 경우라면 해당 포스팅이 업로드 된 날짜가 함께 캡쳐될 수 있도록 '게시물 등록일자'를 포함해서 캡쳐한다. 디지털 카메라로 촬영하는 경우라면 날짜가 나오는 옵션을 켜고 촬영해야 침해시간을 입증하는 데 유리하다. 사진 파일의 생성일자가 곧 침해일자라고 해석할 수는 있으나 최근 법원은 디지털 파일의 생성일자는 수정이 가능하다고 간주하기 때문에, 확실한 방법은 사진 파일 자체에 촬영일자가 나타나는 것이다.

이메일이나 카카오톡 대화창도 증거가 될 수 있다. 특히 거래나 투자를 빌미로 자세한 정보를 요청하는 경우가 많은데, 이러한 메일들은 반드시 별도의 메일함에 보관하도록 하고 출력을 해놓는 것이 필요하다. 카카오톡과 같은 메신저 대화창에서 나누었던 이야기도 침해 증거가 될 수 있으므로 필요한 내용은 미리미리 캡쳐하도록 한다. 처음에는 우호적이었던 관계가 나중에 틀어지는 경우도 있고 그 사이에 파일이 망실되는 경우가 있으므로 클라우드 서버 등에 업로드 해놓는 것도 방법이 될 수 있다.

셋, 전후 사정 및 상대방의 성향을 파악하자

특허, 상표권의 침해가 발생했을 경우 가장 중요한 것은 상대방의 성향을 파악하는 것이다. 상대방이 특허, 상표, 저작권 침해를 일삼는 대상이라면 미리 준비가 되어있는 경우가 많다. 이러한 악질적인 상대방을 만났을 때는 보다 치밀한 준비가 필요하다. 대응하는 수위도 일반적인 민사상의 손해배상을 넘어서 침해금지 가처분과 형사고소 등을 고려하는 것이 바람직할 수 있다. 다만 주의해야 할 것은 형사고소를 하는 경우 상대방이 무혐의가 되면 당신을 무고죄로 공격할 수 있으므로 충분한 증거에 의하여 상대방의 침해행위를 입증하여야 할 것이다.

침해가 업계에서 전방위적으로 일어나고 있을 경우에는 특허 컨설팅 사업 등의 지원을 받아서 침해에 관한 조사를 광범위하게 진행하는 것이 바람직하다. 만약 여러 개의 경쟁자들이 동시에 침해하고 있는 상황이라면 동시에 소송을 진행하는 것은 무리일 수 있으며, 업계에서의 평판이 나빠질 수 있으므로 현명하게 대응한다. 가장 좋은 방법은 '경영 상태가 좋지 않은 기업'을 파악하여 소송을 제기하고 상대방과 빨리 합의하는 것이다. 이러한 전략이 성공하면 당신의 보유한 지식재산권에 의하여 특정 기업이 패소했다고 업계에서 소문이 나게 되며, 이러한 사실이 보도자료 등을 통해서 알려지게 되면, 다른 경쟁자들은 소송에 휘말리는 것이 두려워 당신이 제안한 라이선스 계약을 받아들일 확률이 커지게 된다.

넷, 당신이 보유한 지식재산권의 강약을 진단하자

경고장이나 소송을 제기할 경우, 침해자 쪽에서 취할 수 있는 가장 강력한 수단은 당신의 지식재산권을 무효화하는 것이다. 당신이 보유한 권리가 무효화되면 해당 권리에 기반하여 제기된 소송, 분쟁 자체가 무력해지므로 상대방은 무효소송, 취소소송 등으로 당신의 특허권, 상표권 등을 없애려고 노력할 것이다.

따라서 당신의 지식재산권을 침해하는 상대를 대상으로 분쟁을 제기하기 전에 당신이 보유하고 있는 지식재산권의 '맷집'을 분석할 필요가 있다. 특허의 경우 무효심판에 의해 무효로 결정되는 비율이 60%를 넘는 상황이다 보니 사전에 무효 가능성을 깊이 있게 진단할 필요가 있다.

특허 심사 과정을 보면, 심사관에게는 선행기술을 찾기 위한 시간이 충분하게 주어지지 않는다. 때문에 특허를 받았다 하더라도 선행기술에 대한 조사가 미비할 수 있다. 만약 이런 상황에서 특허심판원에서의 무효심판과 특허법원, 대법원의 단계로 넘어가면 침해를 부정하기 위한 상대 측의 엄청난 무효 자료 조사가 이루어지게 된다. 심판원과 법원에서도 심사 과정 때보다는 시간 여유가 있기 때문에 무효가 될 가능성이 높아진다. 따라서 분쟁이 심해지기 전에 무효조사를 자체적으로 해보고 무효 가능성이 있다고 판단되면 '정정심판'을 통해서 이미 등록된 당신의 특허를 일부 수정하는 전략을 취하는 것이 필요하다. 디자인권 또한 마찬가지다. 디자인권도 무효심판이 존재하므로 사전에 무효 자료를 조사하고 디자인권 포트폴리오를 강화할 필요가 있다. 상대방이 당신의 상표를 무효화할 가능성이 있기 때문에 분쟁을 제기하기 전에 상표 전문 변리사와 심도있는 논의를 할 필요가 있다.

다섯, 센스 있게 경고장을 보내자

경고장은 내용증명우편으로 발송하면 된다. 하지만 상대방의 성향에 따라서 문서의 제목을 '경고장'이 아닌 '최고장'이나 '공문' 등의 표현으로 보내는 것이 바람직할 수 있다. 내용증명우편이라는 단어가 사회적으로는 매우 부정적으로 인식되고 있는데, 사실 '이러한 내용이 상대방에게 전달되었다'라고 하는 것 이상의 의미는 없다. 다만 내용증명우편을 이용해서 발송되는 문서의 대부분이 경고장과 같은 법률적인 문서이다 보니 부정적인 단어로 인식되고 있는 것이다. 경고장은 변리사, 변호사 등과 같은 전문가들을 통해서 보내는 것이 바람직한데, 경고장의 발신자에 ㅇㅇㅇ특허법률사무소, ㅇㅇㅇ법률사무소와 같은 표시가 포함되어있어야 '침해에 대한 검토를 동반했구나' 하는 인상을 상대방에게 심어줄 수 있기 때문이다.

만약 상대방이 업계에서 알고 지내는 사람인 경우에는 경고장의 제목 및 문구를 순화해서 보낼 필요가 있다. 또한 경고장의 수신자도 경쟁사에 직접 보내기보다는 '특허침해품을 납품 받고 있는 회사'

에 보내는 것이 효과가 좋다. 보통은 대기업이나 공기업, 공공기관이 중소기업의 제품을 공급받아서 제품이나 서비스를 제공하는 경우가 많은데, 이들은 '특허 침해품을 사용하는 회사(혹은 기관)'라는 사회적 이미지 타격을 경계하기 때문에 해당 사실에 대해 침해품을 제공하는 해당 기업(즉 당신의 경쟁사)에 지식재산권 침해사실을 조회하게 된다.

대기업이나 공기업, 공공기관은 소송에 휘말리는 것만으로도 담당자의 스트레스가 상당해서 침해품의 납품을 조심하고 있다. 특히 패소하여 언론에 보도자료가 나갈 경우 담당자의 회사 내 지위가 타격을 입게 되므로 이러한 약점을 이용하면 보다 효율적인 전략을 세울 수 있을 것이다.

여섯, 침해금지가 손해배상보다 강력할 수 있다

지식재산권을 이용한 소송은 크게 세 가지로 나뉜다. 첫째는 형사소송, 둘째는 침해금지소송, 셋째는 손해배상소송이다.

손해배상소송은 침해품을 만든 상대방의 불법행위로 인해서 당신(권리자)이 얼마나 손해를 입었는지를 증명하여 손해액을 받아내는 민사소송이다. 침해금지소송은 상대방의 침해를 막아달라는 소송이며, 형사소송은 상대방의 침해죄를 고발하는 소송이다.

형사소송의 장점은 사건에 걸리는 시간이 민사소송보다 빠르다는 것이지만 충분한 증거가 없을 경우 무고죄로 역고소당할 수 있다는 위험 요소가 존재한다. 하지만 상표, 저작권 침해사건은 증거가 명확한 경우가 많고 경쟁자를 경찰서로 불러내어 조사를 받게 하는 것만으로도 심적 압박을 줄 수 있으므로 충분히 고려해볼 만하다. 사회적으로도 '짝퉁'에 의한 일반 소비자들의 피해를 줄이기 위해 상표 침해범에 대한 처벌이 많이 이루어지고 있어 효율적인 부분이 있다.

특허, 실용신안, 디자인권의 경우에는 형사소송보다는 민사소송으로 하는 경우가 많다. 형사소송으로 하기에는 검찰, 경찰의 판단이 쉽지 않기 때문인데, 최근에는 지식재산권 분야의 전담 인력들이 충원되고 있어서 이 분야의 형사소송도 늘어나는 편이다.

어쨌든 특허, 실용신안, 디자인권은 대부분 민사소송으로 진행되며, 손해배상소송과 침해금지소송이 주로 제기되고 있다. 손해배상소송은 '당신이 입은 손해액'을 분명하게 제시해야 하기 때문에 상대적으로 어렵다. 권리자의 주장만으로는 승리할 수 없고 객관적인 증거와 계산이 이루어져야 한다.

이에 비해 침해금지소송은 '상대방의 침해행위'를 입증하면 되므로 증거 자료를 잘 준비하고 계속적으로 이루어지는 침해행위에 대한 '가처분', '가압류'를 신청하면 본안 소송인 침해금지소송의 결론이 나기 전에 신속한 조치를 취할 수 있다. 물론 침해행위의 위급함과 공탁금을 걸어야 한다는 단점은 있지만 일단 가처분이 받아들여지면 상대방에게는 심각한 타격이 된다. 이러한 이유로 지식재산권 소송에서는 침해금지 가처분 소송이 많이 활용되고 있다.

일곱, 해외소송은 예산지원을 받자

해외에서 일어나는 지식재산권 침해는 사실 대응하기가 매우 어렵다. 이러한 경우 현지 국가의 파트너에게 실시권을 부여하고, 해당 파트너가 소송을 진행하게 하는 것이 가장 효과적인 조치수단이다. 특히 중국은 해외기업이 소송하여 승소하는 확률이 높지 않기 때문에 중국 파트너에게 지식재산권 일부를 이전하거나 전용실시권 등의 라이선스를 부여하고, 그들이 중국 현지의 침해기업을 소송하도록 하는 것이 바람직하다.

최근 해외에서 진행되는 지식재산권 소송이 매우 증가하고 있기 때문에 특허청에서는 산하의 한국지식재산보호원을 통해 분쟁을 지원하고 있다. 이러한 지원사업을 이용하면 소송 비용의 일부를 보전받을 수 있으며 그에 앞서 해당 국가에서 분쟁이 발생할지 여부를 미리 알아보는 분쟁예방 컨설팅도 받아볼 수 있어 상당한 도움이 된다.

수출을 많이 하는 기업은 해외에서 소송이 발생할 것을 대비하여 소송보험 등에 가입하는 것을 고려해보기 바란다. 해외 지식재산권 소송은 비용이 상당하므로 사전에 특허청 지원사업을 챙기는 것도 꼭 필요하다.

특허를 침해했다고
경고장이 날라왔다

　'특허괴물'이라는 말을 들어봤을 것이다. 특허괴물은 제조를 하지 않은 채 분쟁의 중심이 될 만한 특허를 확보하여 특허 침해가 의심되는 업체에게 경고장을 보낸 후 합의금을 받아 수익을 내는 업체로 몇 년 전부터 산업계에서 이슈가 되어 오고 있다.

　주로 대기업을 상대로 경고장을 보내고 특허소송을 제기해왔는데, 최근에는 전 세계적으로 중소기업뿐만 아니라 스타트업까지 특허 소송의 상대가 되고 있다.

　특허괴물에 의한 소송 외에도 리워드형 앱인 캐시 슬라이드를 서비스하는 '엔비티'와 AD Latte를 만들어 리워드 앱 초기시장에서 두각을 나타내었던 '앱디스코' 간의 분쟁 등 다양한 사업 영역에서 특허 분쟁이 일어나고 있다. 그러므로 사업을 하다 맞닥뜨릴 수 있는 특허 분쟁에 대해 준비를 하는 것은 기업의 경영자라면 필요한 일이라

할 것이다. 기업의 유형에 따라, 보유기술의 종류에 따라, 시장의 상황에 따라 특허 분쟁의 상황은 매우 복잡하고 그 대응 전략도 상당히 민첩해야 한다. 따라서 여기에서는 특허 분쟁의 전 단계인 '특허 경고장을 받은' 경우에 공통적으로 대응할 수 있는 전략을 일곱 가지로 정리해보고자 한다.

하나, 겁먹지 말고 침착하자

내용증명을 통해 보내는 경고장은 문서 내용을 등본에 의해 증명하는 제도이므로 법적인 효력이 없다. 따라서 겁먹지 말고 침착하게 대응하면 된다. 상대방의 경고장에 대해 침묵하거나 간략한 회신만 보내는 것이 좋다. 예를 들어 '침해주장 근거를 청구항과 대응시켜 구체적으로 제시하라'고 요청하거나 '검토하고 회신하겠다' 정도의 회신을 보내는 것이다. 예전에 IBM에서 삼보 컴퓨터에 특허침해 경고를 한 적이 있었는데, 말단 사원이 '미안하다'고 회신을 보내서 '침해 자백'으로 몰릴 뻔한 사례가 있었다. 일단은 침착하게 전문가를 찾자.

둘, 상대방의 특허를 확인하고 상대방을 살펴보자

키프리스와 같은 선행 문헌 검색 사이트를 통해 상대방이 침해라고 주장하는 특허가 무엇에 관한 특허인지, 특징은 무엇인지 확인한다. 또한 상대방이 소송까지 진행할 만한 업체인지도 확인하도록 한다. 상대방에 대한 파악은 소송 준비 시 대응 전략의 수준을 결정하는 중요한 요소가 될 수 있다. 특허 내용이나 상대방을 직접 파악하기 어렵다면 유능한 변리사에게 자문을 구하도록 한다.

셋, 침해가 아니라는 명확한 논리를 만들어두자

특허 침해에 해당하기 위한 여러 침해 요건 중 만족하지 않는 요건을 파악하여 추후에 대응하기 위한 논리를 만들어둔다. 예를 들면 변리사와 함께 면밀하게 상대방의 특허 발명과 자신의 기술을 비교하여 구성요소의 차이를 파악하고 이에 대한 대응논리를 만드는 것이다.

이러한 작업은 사전에 특허 컨설팅 등을 통해서 이루어져 있어야 한다. 특허청에서 이러한 컨설팅 지원사업을 많이 하고 있으니 적극 활용토록 한다.

넷, 상대방 특허의 무효 논리를 만들어두자

무효심판을 통해 특허 무효가 되면 해당 특허는 처음부터 없었던 것으로 간주된다. 즉 무효심판은 침해 문제를 해결할 수 있는 가장 강력한 방안이 될 수 있다. 변리사와 함께 상대방 특허가 특허 출원 전에 공개된 기술로부터 쉽게 도출될 수 있어 무효가 되어야 한다는 논리를 미리 준비하자. 어려운 일이지만 사전에 특허 컨설팅 등을 통해 준비한다면 충분히 대비할 수 있다.

다섯, 특허 침해 사실이 맞다면 회피 설계를 하거나 특허양수 전략을 취하자

상대방의 특허를 침해한 것에 해당하여 무효화가 어려울 것으로 판단되면 상대방의 특허를 회피할 수 있는 방향으로 제품 설계를 변경하거나 상대방의 특허를 매입하는 방안을 검토한다. 파악된 상대방의 정보를 바탕으로 특허 매입이 가능한지의 여부를 알아보도록 하자.

여섯, 보유한 특허를 활용하여 협상하자

상대방이 특허괴물이 아닌 일반 업체라면 당신이 보유한 특허를 협상도구로 활용할 수도 있다. 상대방의 제품이나 서비스가 당신의 특허를 침해한다면 협상을 통해 낮은 실시료(특허 발명을 실시하기 위해 특허권자에게 지불하여야 하는 비용) 또는 무상 실시권(특허 발명을 정당하게 실시할 수 있는 권리)을 받을 수도 있다. 또한 상대방이 당신의 특허를 침해하지 않았더라도 당신의 특허 발명이 상대의 특허 발명을 이용한 더 진보된 발명이라면 유상 실시권을 받을 수도 있다.

일곱, 특허 컨설팅 사업으로 전략을 세우자

분쟁 예방을 위한 특허 컨설팅 사업을 통해 미리 경쟁자들을 파악하고 경쟁자가 보유한 특허에 대응방안을 준비하여 침해 분쟁을 미리 대비한다. 지식재산전략원, 지식재산보호협회 등의 지원을 받아 특허 컨설팅을 받을 수도 있다. 적절한 대응 전략만 있으면 더 이상 침해 경고장에 겁먹을 필요가 없다.

특허로 시장 방어에
성공한 기업들

　지금까지 우리는 수많은 창업가들의 성장과 성공, 그리고 실패를 함께 해왔다. 세 명의 창업자가 '치매를 치료하겠다'고 부르짖으며 머리에 착용하는 웨어러블 디바이스를 만들기 시작해 이제는 40명이 넘는 기업이 된 의료기기 스타트업 '와이브레인'에서부터 대기업 마케팅 팀에서 나와 새로운 콘셉트의 레스토랑과 디저트 음식 프렌차이즈를 만들어 두바이, 싱가포르, 홍콩, 대만 등에 지점을 설립, 세계적인 회사가 된 '스윗몬스터'까지 수많은 창업가들이 기업가로 성장하는 것을 옆에서 도우면서 현재까지 왔다.

　우리는 스타트업 창업가들에게 특허란 무엇일지, 무엇이었을지, 과연 도움이 되었을지를 줄곧 생각해왔다. 그리고 변리사로서 우리가 제공하고 있는 서비스의 가치에 대한 이러한 근본적인 물음은 당연히 필요하다고 생각한다.

특허는 출원인의 '새로운 발명'을 침해하는 자들이 시장에 진입하지 못하게 하는 것에서 '가치'가 발생한다. 즉 '경쟁사들의 침해'를 막지 못한다면 특허라는 것 자체가 소용없는 것일 수도 있다. 지금부터 이야기할 주제는 특허로 경쟁사들의 진입을 막고 방어한 두 기업의 사례이다. 이를 통해 당신은 특허로 시장을 방어하는 것의 중요성을 인식하고, 자신의 비즈니스에 맞는 특허 전략을 세울 수 있으리라 믿는다.

골리앗을 이긴 네오위즈의 원클릭

지금은 거대한 기업이 된 게임 기업 네오위즈의 경우 〈원클릭〉이라는 인터넷 접속 간편화 프로그램을 개발하여 성공의 신호탄을 쏘아올렸다.

〈원클릭〉은 1998년 네오위즈가 출시한 프로그램으로 마우스 클릭한 번으로 인터넷에 자동 접속하게 해주는 기능을 가지고 있다. 〈원클릭〉 출시 당시 개인 인터넷 사용자들은 주로 일반 전화회선을 이용하는 다이얼업 방식으로 인터넷을 사용했다. 윈도우 화면에서 전화걸기를 실행한 다음 통신용 응용 프로그램을 열어 인터넷에 접속한후 다시 웹 브라우저를 띄우는 과정을 차례로 거치는 이 과정은 꽤나번거로운 일이었다. 〈원클릭〉은 이러한 과정을 '접속 프로그램 버튼한 번 누르기'로 구현하여 단순화시켰다.

서비스 이용요금은 인터넷 사용요금에 부가해 부과하는 방식이었다. 그런 탓에 '부가서비스 사용료'가 기본 전화요금보다 많이 나오는 집들이 많이 생기긴 했지만 다이얼업 방식의 인터넷 접속이 어렵게만 느껴졌던 일반인들의 인터넷 접속 편의성을 크게 높인 것만은 사실이다. 이런 〈원클릭〉은 출시 첫 해 5억 원, 이듬해 85억 원의 매출을 올릴 만큼 큰 인기와 성장을 거두었다.

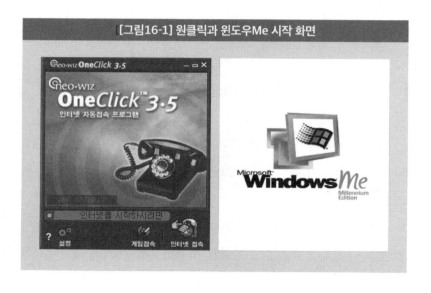

[그림16-1] 원클릭과 윈도우Me 시작 화면

네오위즈의 〈원클릭〉 서비스는 당시를 기준으로도 통신에 관한 원천기술이라기보다는 응용기술에 가까웠다. 경쟁사들이 구현하기가 어렵지 않은 기술이라는 뜻이다. 당시 통신업계를 지배하던 한국통신은 자신들의 통신망을 이용하면 아주 쉽게 구현이 가능했기에 네오위즈의 〈원클릭〉 서비스를 그대로 모방하여 〈한클릭〉 서비스를 추

[그림16-2] 1998년 당시의 네오위즈 특허등록 현황

[19] 대한민국 특허청 [KR]
[12] 등록특허공보 [B1]

(51) INT. Cl. 6		(45) 공고일자 2000년 09월 15일	
H04L 29/00		(1 1) 등록번호 10-0267357	
		(24) 등록일자 2000년 07월 04일	
(21) 출원번호	10-1999-0008327	(66) 공개번호	특 1999-0046025
(22) 출원일자	1999년 03월 12일	(43) 공개일자	1999년 06월 25일
(73) 특허권자	주식회사네오위즈 최세연		
	서울특별시 ○○구 ○○동 ○○○-○○		
(72) 발명자	나성균		
	서울특별시 ○○구 ○○동 ○○○-○○		
	이상규		
	서울특별시 ○○구 ○○동 ○○○-○○		

진하기 시작했다. 윈도우-Me 출시를 앞두고 있던 마이크로소프트 사와의 제휴도 추진했다. 윈도우-Me에 〈한클릭〉 프로그램을 기본 탑재하면 윈도우-Me 사용자들은 기본적으로 한국통신의 〈한클릭〉을 사용하여 인터넷에 접속할 것이므로 100억 원이 넘는 접속 간편화 부가서비스 시장을 쉽게 차지할 수 있었다.

세계적인 소프트웨어 기업인 마이크로소프트 사의 차세대 운영체제인 윈도우-Me와 국내 지배적 통신사업자인 한국통신의 합작으로 〈한클릭〉의 출시는 이미 기정사실이 되었고 베타버전도 출시가 된 상태였다. 이러한 상황에서 당시 손바닥만 한 벤처기업이었던 네

오위즈가 가지고 있었던 무기는 '접속 구현방법'에 관한 특허 등록증 하나뿐이었다.

네오위즈는 마이크로소프트사와 한국통신이라는 두 거인을 상대로 모험을 하기 시작했다. 보도자료를 유포하고 경고장을 발송하면서 자신의 존재감을 시장에 드러낸 것이다. 결국 (양자 간에 어떠한 합의가 있었는지는 모르지만) 마이크로소프트사는 윈도Me에서 인터넷 자동접속 기능을 빼기로 했다. 〈원클릭〉 서비스는 살아남았고, 이후 네오위즈는 〈원클릭〉 서비스에서 거둔 수익을 토대로 〈세이클럽〉, 〈피망〉 등의 서비스를 전개하여 거대한 게임기업으로 성장할 수 있었다.

다수의 대기업을 상대한 아바타 특허

특허로 경쟁사의 진입을 방어한 또 다른 사례로 일명 '아바타 특허'를 소개하고자 한다. 네오위즈 사례는 '벤처기업 vs 대기업' 사례 중에서 벤처기업이 승리한 대표적인 사례이다. 이와 비교했을 때 아바타 특허는 '개인 vs 다수 대기업'의 특허 분쟁이었다는 점에서 더 특별한 사례라고 할 수 있다.

한때는 페이스북보다 더 폭넓은 SNS였던 〈싸이월드〉에서 가장 핵심적인 서비스는 뭐니 뭐니 해도 '미니홈피'의 중요 부분을 차지하는 '미니룸'과 그 안에 존재하는 아바타인 '미니미'였다.

〈싸이월드〉에 콘텐츠를 제공하는 회사였던 씨메이커는 〈싸이월

[그림16-3] 캐릭터 생성 방법 및 그 기록매체에 관한 특허 사항

(19) 대한민국 특허청 (KR)
(12) 등록특허공보 (B1)

(51) INT. CI. ⁷

G06T 15/00

(45) 공고일자 2003년 03월 29일

(11) 등록번호 10-0378142

(24) 등록일자 2000년 03월 17일

| (21) 출원번호 | 10-2000-0056271 | (65) 공개번호 | 특 2001-0050638 |
| (22) 출원일자 | 2000년 09월 25일 | (43) 공개일자 | 2001년 06월 15일 |

| (30) 우선권 주장 | 1019990046377 | 1999년 10월 25일 | 대한민국(KR) |

(73) 특허권자　　　허정선

　　　　　　　　　서울특별시 ○○구 ○○동 ○○○-○○

(72) 발명자　　　　허정선

　　　　　　　　　서울특별시 ○○구 ○○동 ○○○-○○

(74) 대리인　　　　「특허법」인 신성

심사관 : 남인호

드)가 성장하기 전인 1999년 10월 25일에 '캐릭터 생성 방법 및 그 기록매체'라는 이름의 특허를 출원해두었다([그림16-3]의 실선 박스 참조). 그러나 1999년에 출원된 이 특허는 '기초적인 아이디어'만을 담고 있는 가출원이었기에 1년이 지나기 전인 2000년 9월 25일에 보다 완벽한 특허로 만들기 위한 후출원([그림16-3]의 점선 박스 참조)을 하게 된다.

이처럼 선출원과 후출원의 연결을 통한 등록가능성 향상 전략은

'국내우선권 주장'이라는 제도를 사용하면 구현할 수 있다. 부연 설명을 하자면 '아이디어의 핵심'은 있으나 '기술적인 구현'이 안 되어 있는 경우 아이디어를 간단히 출원(이를 가출원이라고 한다)하고, 1년이 지나기 전에 후출원을 하면서 1년 동안 업그레이드된 사항을 반영하여 완성된 특허를 만드는 전략을 '국내우선권 전략'이라고 하며, 삼성전자 같은 기업에서 많이 활용하고 있는 전략이다. 아직 개발이 구체적으로 진행되지 않은 예비창업가나 스타트업의 경우 이러한 가출원 전략을 사용하면 매우 많은 도움이 된다.

〈싸이월드〉의 '미니미'는 단 3줄의 청구항으로 완벽히 보호를 받고 있었는데, 아바타 특허라고 불리는 〈등록특허 제10-0378142호〉의 보호 범위는 변리사로서 우리가 지금껏 보아온 수많은 BM 특허 중에서도 굉장히 넓은 특허에 속했다.

좀 더 자세히 들여다보자. 이 특허의 대표 청구항인 '청구항 1'은 단지 세 개의 구성요소만으로 되어있다.

(1단계) 샘플 이미지를 사용자에게 제공하는 단계
(2단계) 부위별로 특징이 부각된 캐릭터를 생성하는 단계
(3단계) 합성된 이미지의 특징정보를 변경하는 단계

특허의 청구범위는 '독점권의 범위'라고 이해하면 된다. 흔히 특허에 관한 지식 중 잘못 알려진 하나가 '청구항에 구체적인 사항이 들어가 있을수록 변리사가 제대로 기재한 것이다'라는 것이다. 하지만

[그림16-4] 등록특허 제 10-0378142의 대표 청구항

청구항 1.

캐릭터 생성 시스템에 적용되는 캐릭터 생성 방법에 있어서,

사용자의 요구에 따라, 기 저장되어 있는 캐릭터의 구성요소에 대한 샘플 이미지를 사용자에게 제공하는 제 1 단계;

사용자에 의하여 선택된 각 캐릭터 구성요소에 대한 샘플 이미지들을 부위별로 합성하여 부위별로 특징이 부 각된 캐릭터를 생성하는 제2단계 ; 및

사용자의 요구에 따라, 이미 캐릭터의 일부로 합성되어 있는 캐릭터 구성요소에 대한 이미지의 특징정보를 변경하는 제3단계를 포함하는 캐릭터 생성 방법

오히려 그 반대이다. 특허는 '다기재 협범위' 원칙이 세계적으로 통용되고 있기 때문에 청구항, 즉 발명을 구성하는 구성요소가 많으면 많을수록 권리범위가 좁아진다.

〈등록특허 제10-0378142호〉의 대표 청구항은 아직도 존재하는 권리이며, '캐릭터 생성 방법 및 그 기록매체'라는 이름으로 키프리스 사이트www.kipris.or.kr에서 검색을 하면 그 내용을 확인할 수 있다.

아바타 특허인 〈등록특허 제10-0378142호〉는 한때 수많은 분쟁의 중심에 서 있는 특허였다. '미니홈피'와 '도토리'가 유명해지기 시작

확정 [1] 캐릭터 생성 방법 및 그 기록매체

심급구분 : 특허심판원	심판번호(문자) : 2005당639	청구인 : 씨제이인터넷 주식회사
심판종류 : 무효	심판청구일자 : 2005.03.25	심결일자 : 2006.03.09
출원번호 : 1020000056271	등록번호 : 1003781420000	청구대리인 : 이종욱

확정 [2] 캐릭터 생성 방법 및 그 기록매체

심급구분 : 특허심판원	심판번호(문자) : 2006당1951	청구인 : ㈜인포렉스
심판종류 : 권리범위확인(소극적)	심판청구일자 : 2005.07.31	심결일자 : 2007.08.29
출원번호 : 1020000056271	등록번호 : 1003781420000	청구대리인 : 이원섭

확정 [3] 캐릭터 생성 방법 및 그 기록매체

심급구분 : 특허심판원	심판번호(문자) : 2006당1627	청구인 : ㈜인포렉스
심판종류 : 무효	심판청구일자 : 20.06.26	심결일자 : 2007.08.29
출원번호 : 1020000056271	등록번호 : 1003781420000	청구대리인 : 이원섭

확정 [4] 캐릭터 생성 방법 및 그 기록매체

심급구분 : 특허심판원	심판번호(문자) : 2006당1614	청구인 : ㈜인포렉스
심판종류 : 무효	심판청구일자 : 2006.06.21	심결일자 : 2007.07.23
출원번호 : 1020000056271	등록번호 : 1003781420000	청구대리인 : 이원섭

한 2001년 이후부터 페이스북이 국내에서 활성화되기 전인 2010년까지 싸이월드의 인기는 대단했고, 그 수익모델의 중심에 있었던 '캐릭터 생성 방법' 사업모델은 특허권자의 허락을 받지 않으면 사용할 수 없는 사업이었던 것이다.

자세한 비즈니스 상황은 알 수 없지만, 특허권자인 허정선 대표는 2006년 7월 게임업계 최강자였던 〈엠게임〉과 〈한게임(네이버)〉에게 아바타 특허의 지분 일부를 양도하였고, 2007년에는 당시 중고등 학생 사이에서 메신저 시장을 장악했던 〈버디버디〉에도 일부 지분을 양도하였다. 공유 지분권자가 되면 해당 특허 전체를 실시할 수 있기 때문에 사실상 특허 전체에 대한 사용 허락을 받은 것으로 해석할 수 있다. 아마도 비즈니스 협상을 통해 〈한게임〉, 〈엠게임〉, 〈버디버디〉가 특정금액을 주고 해당 특허의 일정 지분을 매입한 것으로 보인다.

〈등록특허 제10-0378142호〉는 이렇게 특허가 공유되는 바람에 힘이 분산되기는 했지만, 아직도 그 권리의 유효성은 남아있다. 즉 아바타 사업을 하고 싶은 사람은 여전히 허정선 대표 및 다른 특허지분 공유자의 허락을 받아야만 할 수 있는 것이다. 이제 세월이 많이 흘러 아바타 사업의 매력이 사라지고 그에 따라 본 특허의 가치가 예전보다 못한 것이 사실이지만 그래도 개인이 출원하여 등록된 특허가 수많은 대기업을 꼼짝 못하게 했던 사실이 없어지는 것은 아니다.

특허 제도는 좋은 발명을 특허문서로 공개하여 산업발전에 이바지한 특허권자에게 독점 사업권과 그로 인한 수익을 거둘 수 있게 하는 것이 본질이고 수많은 기업가들이 이러한 특허의 보호를 기대하면서 출원을 한다. 그리고 우리가 특허법률사무소를 운영하면서 고객들에게 제공하는 '특허와 상표, 그리고 디자인권'이라고 하는 서비스는 이와 같이 성공 사례가 있기 때문에 비즈니스적으로 의미가 있다.

다시 한 번 강조하지만 특허는 '당신의 사업이 잘 되었을 때를 대비한 보험'이다. 그러면 스타트업은 어떻게 특허 전략을 세우는 게 좋을까? 크게 여섯 가지로 정리해보았다.

1. 외부에 제품이나 서비스를 오픈하기 전에 반드시 특허출원을 검토한다(11강 참조).

2. 실수로 서비스 오픈이 이루어졌다면 최초 공개일로부터 1년 이내 가장 빠른 시점에 특허출원을 진행한다(공지예외주장 출원, 11강 참조).

3. 하나의 출원명세서에 연관된 향후 개발 아이템을 포함시키도록 한다.

4. 꼭 필요한 경우가 아니라면 심사청구는 추후에 진행해도 무방하다.

5. 변리사에게 명세서 리뷰를 받을 때 모르는 내용은 반드시 설명을 요청한다.

6. 투자 유치 등을 위하여 신속하게 등록받아야 하는 것은 고속심사제도를 적극 활용한다(우선심사, 예비심사 등, 2강 참조).

17강

스타트업을
강한 기업으로 만드는
특허 포트폴리오

지금부터 우리는 작은 스타트업이었던 회사가 특허 포트폴리오 전략을 잘 세움으로써 시장에서 크게 성장한 몇 개의 회사들을 소개하고자 한다. 실제 사례를 통해 작은 회사일수록 특허 포트폴리오가 얼마나 중요한지, 어떻게 하면 특허 포트폴리오를 잘 설계해낼 수 있는지 고민해보는 계기가 되었으면 좋겠다.

미국 진출에 성공한 스타트업 네오펙트

지금은 재활의학 분야에서도 상당히 유명해진 '네오펙트'라는 회사는 2013년만 하더라도 다섯 명 규모의 작은 회사였다. 투자를 받기는 했지만 소액이었고 2014년 들어와서야 어느 정도 이름 있는 창업 투자사들이 약간의 투자를 했을 뿐이다. 이렇게 작았던 기술벤처가 2017년 현재는 60명 규모의 '한국을 대표하는 재활 의료기기 회사'로 성장하였다. 지금은 미국과 유럽에 지사가 있고 해외에서도 주문과 문의가 쏟아지고 있다. 미국에서도 매출이 상당하다.

　네오펙트의 대표적인 상품은 〈라파엘〉이라는 '스마트 글러브'이다. 뇌졸중 환자들은 뇌졸중에서 회복된 이후 얼마나 재활을 잘하느냐에 따라서 정상인에 가깝게 회복될 수 있는지 아닌지가 결정된다. 그런데 기존의 재활 치료 기구들은 단순한 탄성을 제공하는 정도의 수준에 머물러 있었고, 재활을 하기 위해서는 물리치료사나 운동치료

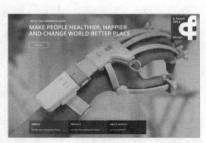

네어펙트의 대표 상품인 스마트 글러브 〈라파엘〉

사가 옆에서 보조를 해야만 훈련이 가능했다. 또 그러한 훈련 자체도 지루했을 뿐만 아니라 하루에 30분 이상 하기에는 비용도 힘도 많이 들었기 때문에 뇌졸중 환자에게 재활훈련이라고 하는 것은 상당히 고통스러운 과정이었다. 네오펙트는 이러한 재활치료를 웨어러블인 '글러브'와 '디스플레이'를 결합하여 해결한 혜성 같은 스타트업이다.

　네오펙트는 처음부터 특허에 신경을 쓸 수밖에 없는 회사였다. 하드웨어와 소프트웨어가 결합된 아이템을 사업 아이템으로 하는 기업은 무조건 특허에 신경을 써야 한다. 센서나 물질을 연구하는 기업들

도 당연히 특허에 신경을 써야 하지만 하드웨어와 소프트웨어가 결합된 '응용제품'의 경우 원천기술이라기보다는 '적용하는 데 존재하는 특징'을 특허화하는 것이기 때문에 특허 포트폴리오의 중요성이 더욱 커질 수밖에 없다.

응용제품을 특허받고자 할 때는 해당 응용제품에 들어가는 기술 요소 중에 어떤 요소가 사전에 특허화되어있는지 알고 있어야 하며, 자신의 제품을 지키기 위해 획득해야 하는 특허들 역시 '원천 특허'에 해당하지는 않을 것이기 때문에 오히려 더 두텁게 특허 포트폴리오를 설계해야 한다. 이러한 노력들이 쌓이면서 네오펙트의 특허 포트폴리오는 점점 두텁게 형성되었고 다른 제품군들이 계속해서 출시

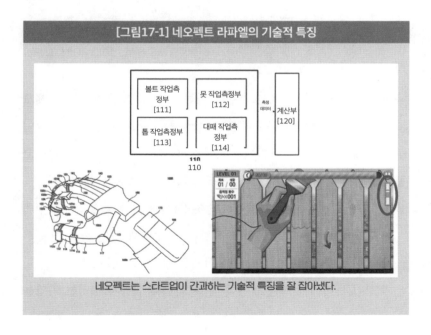

[그림17-1] 네오펙트 라파엘의 기술적 특징

네오펙트는 스타트업이 간과하는 기술적 특징을 잘 잡아냈다.

됨에 따라 특허자산도 증가하게 되었다.

특허 포트폴리오의 퀄리티는 결국 기술력 진단의 기초가 된다. 많은 기술기반 기업들이 '소송'을 생각하면서 특허 출원을 하는 경우가 많은데, 특허소송이라고 하는 것이 그리 쉽게 일어나는 일이 아니다. 왜냐하면 전제가 되는 '시장'이 형성되고 그 시장에서 당신의 회사가 돈을 상당히 벌어야만 경쟁사들이 카피하고자 들어오기 때문이다. 따라서 특허소송을 생각하기보다는 특허 포트폴리오를 통한 '자

[그림17-2] 네오펙트가 등록한 특허와 특징

등록 [16] 손 재활 운동 시스템 및 방법(System and method for rehabilitation exercise of the hands)

IPC : A61H 1/02	출원인 : 주식회사 네오펙트
출원번호 : 1020150011145	출원일자 : 2015.01.23
등록번호 : 1015410820000	등록일자 : 2015.07.27
공개번호 :	공개일자 :
대리인 : 유철현	발명자 : 반호영, 최용근, 이수빈, 유경환 ...

등록 [17] 신체운동 평가 시스템(SYSTEM FOR EVALUATING THE ABILITY OF SHYSICAL ACTIVITY)

IPC : A61B 5/11	출원인 : 주식회사 네오펙트
출원번호 : 1020150029532	출원일자 : 2015.03.03
등록번호 : 1015410950000	등록일자 : 2015.07.27
공개번호 :	공개일자 :
대리인 : 유철현	발명자 : 반호영, 최용근, 이수빈, 유경환 ...

등록 [18] 신체움직임 평가방법 및 어플리케이션(METHOD AND APPLACATION FOR EVALUATING BODY MOVE-MENT)

IPC : G06Q 50/22 G06F 3/01	출원인 : 주식회사 네오펙트
출원번호 : 1020150013038	출원일자 : 2015.01.27
등록번호 : 1015410990000	등록일자 : 2015.07.27
공개번호 : 1020060091793	공개일자 :
대리인 : 유철현	발명자 : 반호영, 최용근, 이수빈, 유경환 ...

등록 [19] 손가락 재활치료 장치(Finger Rehabilitation tretment apparatus)

IPC : A63B 23/16	출원인 : 주식회사 네오펙트
출원번호 : 1020130064587	출원일자 : 2013.06.05

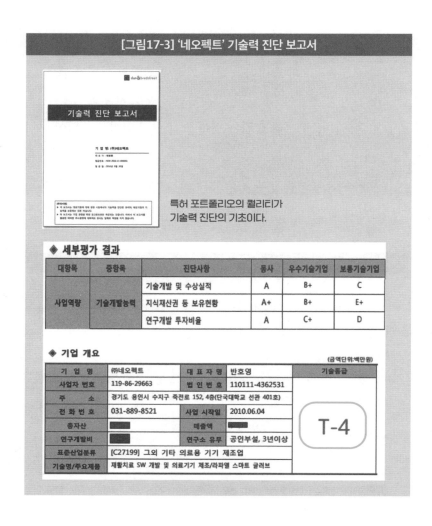

[그림17-3] '네오펙트' 기술력 진단 보고서

기술력 진단 보고서

기 업 명: (주)네오펙트

특허 포트폴리오의 퀄리티가
기술력 진단의 기초이다.

◆ **세부평가 결과**

대항목	중항목	진단사항	동사	우수기술기업	보통기술기업
사업역량	기술개발능력	기술개발 및 수상실적	A	B+	C
		지식재산권 등 보유현황	A+	B+	E+
		연구개발 투자비율	A	C+	D

◆ **기업 개요**

(금액단위:백만원)

기 업 명	㈜네오펙트	대 표 자 명	반호영	기술등급
사업자 번호	119-86-29663	법 인 번 호	110111-4362531	
주 소	경기도 용인시 수지구 죽전로 152, 4층(단국대학교 선관 401호)			T-4
전 화 번 호	031-889-8521	사업 시작일	2010.06.04	
총자산	▬	매출액	▬	
연구개발비	▬	연구소 유무	공인부설, 3년이상	
표준산업분류	[C27199] 그외 기타 의료용 기기 제조업			
기술명/주요제품	재활치료 SW 개발 및 의료기기 제조/라파엘 스마트 글러브			

산'의 증가를 염두에 두는 것이 바람직하다.

특허나 [그림17-3]에 제시된 '기술력 진단 보고서'는 나이스 계열
의 기술신용평가 회사에서 만든 것인데 이를 'TCB 등급평가'라고 한
다. TCB 등급평가에서 T-4 등급 이상을 받게 되면 기술특례 상장의

기본 요건을 만족시키게 된다. 즉 매출이 크지 않더라도 코스닥 시장에 상장이 가능한 것이다. 네오펙트는 아직 60명 규모의 스타트업이지만 상장을 준비하고 있다. 그리고 상장의 기초 요건인 TCB 등급평가에서 그림에서 보는 바와 같이 좋은 평가를 받았다. .

세부평가 결과를 보면 지식재산권 등 보유현황 항목에서 일반적인 우수기술기업이 받는 B+보다 3단계가 높은 A+의 최고등급을 받았고 이는 '기술개발능력' 점수에 영향을 주어 전체적으로 높은 평가를 받게 된 것이다. 이제 특허는 단순한 '무기'의 개념을 넘어 '자산'으로서의 가치가 더욱 중요해지고 있다고 하겠다.

특허 출원 전부터 꼼꼼히 전략을 세운
망고슬래브

창업 5개월 만에 세계적인 전시회인 CES 2017에서 '최고혁신상'을 수상하여 화제가 된 스타트업 '망고슬래브'은 6개월만에 특허 일곱 개를 획득하면서 또 한 번 화제가 되었다. 작은 스타트업이 한 개도 아니고 무려 일곱 개를 짧은 시간에 등록받았기 때문이다.

망고슬래브는 모바일 기기에서 작성한 아이디어를 붙였다 떼었다 할 수 있는 점착식 메모 용지에 출력해주는 인쇄기기 〈네모닉nemonic〉을 만든 회사이다. 모바일 시대에 맞는 새로운 개념의 프린터라고 할 수 있다. 기존 프린터가 갖지 못한 새로운 구성과 기능적 아이디어가 눈에 띄는 이 프린터로 망고슬래브는 특허를 무더기로 획득할 수 있었다.

망고슬래브 정용수 대표는 "삼성전자의 사내 벤처 프로그램인 'C-Lab'을 통해 배출된 팀이기 때문에 특허의 중요성을 누구보다도 잘 알고 있었고 창업 이후 곧바로 특허 포트폴리오를 구축하는 데 많은 노력을 들였다."고 한다. 특히 기존 프린터들과의 독특한 차이점을 선별하여 이를 권리화하기 위해 설립 초기부터 전담 변리사와 파트너십을 만들고 이들과 '아이디어 워크샵'을 진행한 것이 다른 스타트업들과 차별화된 전략이라고 할 수 있다.

이 아이디어 워크샵을 통하여 권리화가 가능할지 미처 생각하지 못했던 15개의 아이디어를 정리하였고, 선행기술조사 과정을 통해 등록 가능성이 높고 중요도가 높은 아이디어들만 출원하는 정책을 세웠다. 결과적으로 7개를 최종 선별하여 출원할 수 있었으니 많은 비용을 절감한 셈이다. 또한 특허청 우선심사 제도 중 일괄심사 제도를 활용하여 통상 1년 6개월 이상이 소요되는 특허 등록을 출원 후 6개월로 단축시키는 데 성공하였다.

스타트업인 망고슬래브가 확보한 특허 포트폴리오는 향후 점착 메모 프린터 시장의 팽창에 따라서 급격히 가치가 올라갈 것으로 보인다. 특히 일본, 미국 등 해외 특허의 보강으로 이어진다면 앞으로의 기업가치에 큰 기여를 할 것으로 예측되고 있다.

군집화하여 포트폴리오의 힘을 집중시킨
한경희 생활과학

좋은 아이디어와 기술력을 갖추고 있는데도 특허를 중요하게 생각하지 않다가 경쟁사들로부터 역공을 당하는 스타트업을 빈번하게 접한다. 이러한 소식을 접할 때마다 빛나는 아이디어와 기술력을 갖춘 초기 기업들이 안정적으로 성장할 수 있으려면 선제적 특허 포트폴리오를 구축해야 함을 더욱 절실히 느끼곤 한다. 사업을 시작하는 스타트업이나 중소기업의 경우 더욱 그러하다.

특허 포트폴리오 구축을 하는 데 있어 유의할 점은 '특허를 많이 낸다'는 것만으로는 부족하다는 것이다. 특허를 많이 출원하더라도 이러한 특허들이 '군집화'되어있지 않으면 방어력이 극도로 떨어지게 되어있다. 아이디어가 많은 스타트업 중에 이 분야 저 분야 가리지 않고 특허를 주섬주섬 출원하는 경우가 있는데, 이런 기업이 집중력있게 성장하지 못하는 대부분의 이유가 '포트폴리오의 힘'이 분산되어있기 때문이다.

한경희 생활과학은 스팀청소기 출시 이후 약 10년이 넘도록 시장 독점에 성공하였고, 1천만 대 이상의 누적판매 기록을 세웠으며, 연매출 2천억 원 이상을 기록하기도 했다. 2010년대에 들어 후속 아이템 선정의 패착과 경영상의 이유 등으로 회사가 기울어지기는 했지만 한경희 생활과학이 구축한 스팀청소기 특허 포트폴리오는 10년 동안 스팀청소기 시장을 훌륭히 방어하는 데 성공하였고 중소기업이

[그림 17-4] 한경희 생활과학 특허 포트폴리오

813,538　813,537　813,539　793,413

401,327　881,943　776,841　734,569

자체적으로 구축한 한국식 특허 포트폴리오 중에 가장 돋보이는 사례라고 할 수 있다.

　기술 또는 제조 기반의 창업을 준비하는 기업의 경우 단순히 정부지원사업에 선정되기 위한 특허에 머물지 말고 실제로 회사의 아이템의 기초가 되는 아이디어를 원천특허로 설정하고 그 원천특허를 근거로 강력한 특허 포트폴리오를 사전에 구축하는 것이 반드시 필요하다. 특허 포트폴리오를 가진 기업은 '막대한 지적자산'을 가진 것과 다름없다.

하이퍼 루프 시대를 이끌 미래 기술전략 분석, 아마존의 특허 포트폴리오 전략

스마트 데이터, 인공지능AI, 자율트럭, 로봇, 드론…. 이러한 신기술들을 결합한 물류배송 하이퍼 루프 시대가 도래하고 있다. 아마존은 자율차AV나 셀프-드라이빙 카SDC를 개발하고 있다. 한 기사에서는 "자율차가 아마존의 배송 서비스에 투입되는 경우 물류창고에서 여러분의 집 앞 문까지 4시간 만에 배송이 완료될 것이며 비용도 싸지고 가장 안전한 방법이 될 것"이라고 소개하였다. 아마존은 미래에 있을 배송 전쟁을 자율자동차 개발로 대비하고 있는 것이다. 가장 강력한 배송 네트워크를 구축할 수 있는 기업이 있다면, 현재 유일한 기업은 아마존이다. 아마존은 카메라, 레이더, 라이더 센서를 개발할 수 있는 개발자들, 소프트웨어 엔지니어들, 딥러닝 전문가들을 충분히 확보하고 있다.

아마존의 또 다른 최대 기술은 '고객의 빅데이터DB'를 구축하고 있다는 것이 아닌, '정제되고, 표준화된 스마트 데이터SD'를 구축하고 있다는 것이다. 스마트 데이터에 관해서는 세계 유일한 기업이라고 할 수 있겠다.

이러한 기술력을 기반으로, 아마존은 자율트럭, 로봇, 드론 기술이 모두 융합된 하이브리드 물류 시스템을 갖추고, 앞으로 다가올 스마트 배송 네트워크 구축에 있어 공격적인 특허 포트폴리오를 구성하고 있는 것이다.

18강

특허를 담보로
대출받기 &
부채비율 줄이기

어떤 유형의 창업이든 사업 초기의 자금 확보를 위해서는 다양한 노력이 필요하다. 특히 법인과 창업자 개인이 별개의 법인격을 가진 다고는 하지만 법인이 대출을 받으려면 대표자 연대보증이 필수인 게 현실이기 때문에 스타트업을 하는 사람들은 필요한 자금을 확보 하기 위해 궁리를 하게 마련이다. 만약 이때 당신이 기술을 기반으로 하는 스타트업이고 특허 확보에 대한 노력을 게을리하지 않았다면 당신이 보유한 특허권은 큰 힘이 될 수 있다. 즉 특허권을 담보로 대 출을 받을 수 있는 것이다.

2013년부터 시행된 '특허 담보대출'이 그것인데 펀드 규모가 아주 크지는 않지만 좋은 특허 포트폴리오를 보유하고 있는 기술창업 기 업들에게는 도움이 되는 제도이다. 특히 2015년 이후에는 상당한 기 술창업 기업들이 혜택을 보고 있기도 하다.

중소기업진흥공단(www.sbc.or.kr)이 진행하고 특허권이 보호하는 아이템에서 발생한 매출을 전제로 대출 규모를 산정하기 때문에 매출이 전혀 없는 기업은 이용하기 쉽지 않은 것이 사실이지만 특허의 중요성이 높아지고 있으므로 매출이 없는 초기창업 기업을 위한 특허 담보대출도 조만간 생기지 않을까 기대하고 있다.

특허 담보대출은 어떻게 이루어지는가

특허 담보대출은 새로운 제도인 만큼 절차가 조금 까다로운 편이다. 모든 담보부 대출이 그러하듯 담보대상 특허에 대한 제한이 있다. 담보대상 특허는 지식재산권 중 특허권에 한정하며 해당 특허로 인하여 제품매출이 발생하고 있는 특허여야 한다. 또한 대출을 희망하는 기업(법인 또는 개인사업자)이 특허권자여야 하고 특허의 기술 수명이 대출기간 이상이어야 한다. 그리고 전용실시권이 설정되어있을 경우 결과적으로 특허권의 가치를 떨어트리는 것이므로 전용실시권 설정이 없는 특허일 것을 요한다.

특허 담보대출에 의한 대출약정 시 대출기간 만료일까지의 특허(등록)료를 일괄 납부할 것을 조건으로 하고 있다.

[그림18-1] 특허 담보대출 개요 및 절차

자금신청	• 접수처 : 중소기업진흥공단 각 지역본(지)부
기술타당성보고서 작성의뢰 [보고서 작성기관]	• 기술수명 5년 이상 기업에 대해서 기술타당성보고서 작성의뢰
기술타당성보고서 작성 및 수령(지역본·지부)	• 기술타당성보고서 작성-특허법인 활용 • 보고서 수령 후 기술가치 평가 자료로 활용
기술타당성보고서 지출결의(지역본·지부)	• 지출결의 : 지역본(지)부 • 통제 : 융합금융처 • 예산 : 정책자금지원성과향상 - 일반수용비
건강진단—기술가치평가모듈 [지역본·지부]	• 기술가치평가 모듈을 포함한 건강진단 수행
추천서 발급 [지역본·지부]	• 건강진단 추천서 발급
자금 지원 결정 [지역본·지부]	• 자금 사정 및 융자지원 결정
약정 체결 및 담보설정	• 약정 체결 및 특허에 대한 질권 설정

[그림18-2] 특허 담보대출의 주요 내용	
사업목적	중소기업이 보유한 지식재산권을 경제적 기술 가치로 평가하여 담보로 활용함으로써 기술거래를 활성화시키고 나아가 창조경제를 위한 기술금융 시장의 생태계를 조성하기 위함
융자규모	2016년 250억 원(2013년 07년 01일부터 시행)
지원대상	개발기술사업화자금 신청 기업 중 특허권을 담보로 하여 대출을 희망하는 기업
융자범위	융자범위 : 운전자금 대출한도 : 운전자금만 신청 시 5억 원 이내 대출금리(변동금리) : 정책자금 기준금리(기준금리) 대출기간 : 5년 이내(거치기간 2년 이내 포함) 융자방식 : 중진공이 자금 신청·접수와 함께 기술가치평가를 포함한 건강진단을 통해 융자대상 기업을 결정한 후 특허담보대출 시행

특허를 자본금으로 하여 현물출자하는 방법

특허는 법적으로 '물권'에 속한다. 부동산(땅)이나 동산(자동차)와 같은 소유권이 인정되는 재산권이라는 것에 사회적으로 이견이 없다. 상표권, 디자인권, 저작권도 모두 마찬가지이다. 특허 등의 지식재산권은 눈에 보이는 형체가 없기 때문에 그 재산적 가치가 상당히 저평가되어왔던 것이 사실이다. 하지만 최근 '특허권 자본화 작업'들이 많이 이루어지고 있다. 특허권 자본화 작업이란 대표이사 개인이나 주주 등이 소유한 특허권 등을 기술가치평가를 통해 가치를 산정하여 현물출자의 형태로 유상증자하는 절차를 말한다.

특허권을 현물출자할 경우, 즉 자본화할 경우 가장 큰 효과는 부채비율이 감소한다는 것이다. 특허권의 가치평가 금액만큼 자본이 증가하게 되어 부채의 양이 동일하더라도 자본의 증가로 인해 부채의 '비율'이 줄어들게 되는 것이다.

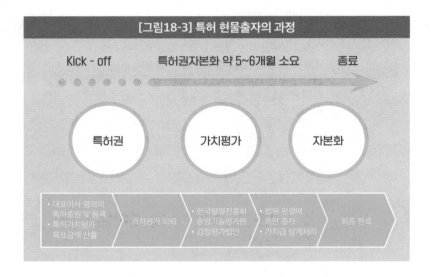

[그림18-3] 특허 현물출자의 과정

특허권을 먼저 등록받기

특허권을 자본화하려면 일단 특허권을 만들거나 다른 곳에서 사와야 한다. 출원 상태의 특허는 아직 권리가 미확정인 상태라서 기술적 가치를 판단하기 어렵기 때문에 먼저 특허 출원을 진행하여 등록시키는 것이 중요하다.

특허권의 가치는 당연히 시장의 크기에 비례한다. 따라서 시장이 존재하기 힘든 황당한 발명을 담은 특허는 가치를 인정받기 어렵다. 또한 회사의 주된 매출을 발생시키는 제품과 관련 없는 특허는 자본금으로 현물출자하는 과정에서 법원의 인정을 받기가 어려울 수 있다.

이외에 고려해야 할 점은 한두 개의 특허로는 높은 금액의 가치평가를 받기 어려울 수 있다는 것이다. 적어도 3~4개의 특허 포트폴리오를 갖추어야 2억 내지 5억 원 이상의 평가를 받을 수 있다.

특허권 자본화 작업 : 특허가치평가

출원한 특허가 등록되었다면 특허가치평가를 받아야 한다. 특허권의 가치를 평가받는 방법은 두 가지가 있는데, 대통령령으로 정하는 기술평가기관(한국발명진흥회, 기술신용보증기금, 한국산업기술평가관리원, 기술표준원, 한국과학기술연구원, 정보통신산업진흥원 등)을 통해서 평가를 받을 수도 있고 감정평가사가 감정을 할 수 있다(「벤처기업육성에 관한 특별조치법」 제6조 및 시행령 제4조). 물론 변리사법에 의하여 변리사가 감정을 하는 것도 가능하다.

기술평가기관의 기술가치평가의 경우 비용이 수천만 원대에 이르는 경우도 있으나 각 기관마다 요율(요금의 비율)을 달리 정하고 있으므로 기관별로 문의해보자. 감정평가사에게 의뢰하는 경우에는 감정평가법인마다 비용이 다르며 최근 젊은 감정평가사들을 중심으로 특허 감정평가에 관한 업무가 많이 이루어지고 있으나, 전문성 면에서 볼 때 특허권의 가치를 완벽하게 평가할 수 있다고 보기가 어렵다. 이

때문에 변리사가 감정평가서와 함께 감정평가 보고서를 작성하는 방식으로 개선해나가고 있는 상황이다.

법원 승인에 의한 자본화

이렇게 작성된 감정가 보고서 또는 기술가치평가 보고서에 기재된 '무형자산의 가치금액'은 주주총회를 거쳐 회사의 자본금으로 현물출자될 수 있고 현물출자로 인한 자본금의 증가에 대해서 법원의 승인을 받으면 최종적으로 특허권이 자본금으로 출자되게 되는 것이다.

지식재산권의 현물출자는 높은 부채비율로 인하여 투자를 받지 못하고 있는 기업이나 훌륭한 기술을 보유하고 있음에도 부채비율이 높다는 이유로 정부지원사업 등에 참여하지 못하고 있는 기업들이 전략적으로 사용할 필요가 있는 제도라고 할 수 있다.

19강

크라우드 펀딩에
도전하기

　SNS에 기반한 입소문이 새로운 투자문화를 만들어내고 있다. 바로 '크라우드 펀딩'이다. 이제는 많은 기업이 투자회사를 찾아가는 대신 크라우드 펀딩 사이트를 찾아간다. 까다로운 창업투자회사의 투자심사를 받는 것도 아니고, 쉽게 믿을 수 없는 엔젤투자자로부터 투자를 받는 것도 아니다. 〈킥스타터〉, 〈인디고고〉, 〈와디즈〉와 같은 크라우드 펀딩 사이트에서 생판 모르는 사람들이 언제 상장될지도 모르는 스타트업에 소액을 투자하고 스타트업의 지분을 조금 얻는다. 또는 완성도가 높을지 낮을지 모르는 스타트업을 먼저 후원하고 소량의 지원을 받거나 보상으로 '제품'을 받는 계약을 한다.

　크라우드 펀딩 사이트를 이용하면 아이디어만 있어도 그 아이디어를 실현함에 있어서 필요한 금전적 뒷받침^{Back}을 배커^{Backer}(후원자)들로부터 받을 수 있다. 창업투자사^{VC}에게 돈을 투자해달라고 (또는 전환사채로 빌려달라고) 자존심 상해가면서 찾아갈 필요가 없어지는 것이다(물론 10억 원 이상의 2차 투자는 창업투자사의 도움이 필요하다). 그런 이유로 국내 중소기업들의 경우에도 창업투자사의 투자를 받기보다 크라우드 펀딩을 통해서 자금을 조달하는 것을 선호하는 경향이 생기고 있다.

크라우드 펀딩의 좋은 점

〈킥스타터〉, 〈인디고고〉 등의 해외 크라우드 펀딩 사이트를 통해서 크라우드 펀딩을 진행하면 미국뿐만 아니라 전 세계로부터 자금을 확보함과 동시에 시장에 미리 팬층을 만들어놓는 마케팅적 효과도 거둘 수 있다.

우리나라에는 〈와디즈〉, 〈오픈트레이드〉 등의 크라우드 펀딩 사이트가 존재한다. 〈킥스타터〉, 〈인디고고〉 처럼 큰 규모의 펀딩이 성립되는 것은 아니나 '정글팬서Zungle Panther'라는 골전도 선글라스 사례처럼 10억 원 이상의 펀딩이 이루어지는 경우도 종종 발생한다.

이제 크라우드 펀딩 플랫폼은 새로운 대안투자의 영역으로 확실히 자리 잡고 있으며 정부에서도 이러한 크라우드 펀딩 열기가 더욱더 성장 가능성 있는 기업들을 발굴하는 계기가 될 수 있도록 5천만 원 이상의 크라우드 펀딩 성공기업에 대해서는 추가적인 R&D 지원금을 투입하는 등 지원정책을 펼치고 있다.

아래 사진에 나온 '알렉스'라고 하는 제품은 자이로센서와 가속도계를 목 부위에 위치시키는 웨어러블 제품이다. 이른바 '거북목 디스크'를 예방하는 디바이스로 〈킥스타터〉에서 1억 원 이상의 펀딩에 성공하여 초기 생산비용을 조달하였다. 알렉스는 한국 메디컬 디바이스로서는 몇 안 되는 크라우드 펀딩 성공 제품으로 주목받았고 특히나 고등학교 3학년 수험생 자녀를 둔 부모들의 열광적인 지지를 얻어 판매량 또한 순항 중이다. 최근에는 더 가벼운 알렉스 플러스 버전이 출시되었다.

'리플버즈'라고 하는 제품도 있다. ㈜해보라에서 출시한 이 제품은 마이크가 내장된 이어폰이다. 리플버즈는 사람의 입과 귀는 관으로 이어져 있기 때문에 입에서 나오는 음성의 약 5% 내지 10%는 귀를 통해서 나온다는 논문 이론에 기초하여 2014년부터 만들기 시작

[그림19-1] 크라우드 펀딩 성공 제품들

거북목 디스크를 방지하는 '알렉스'
〈킥스타터〉를 통해 1억 원 이상 모금 달성

마이크가 내장된 이어폰 '리플버즈'
〈킥스타터〉를 통해 8억 5천만 원 모금 달성

했다. 이 제품 또한 〈킥스타터〉를 통해서 8억 5천만 원이 모금되었고 2016년 9월부터 제품 배송이 이루어지고 있다.

2021년 3월에 펀딩이 종료된 '와일드웨이브'는 크래프트 맥주 덕후들을 위한 프리미엄 시장을 선점해 나가려는 스타트업이다. 와인 배럴, 막걸리 누룩, 자연 속 다양한 미생물 등을 이용해 새로운 맥주들을 지속적으로 시장에 선보이면서 수많은 맥주 매니아들의 사랑을 받고 있다. '와일드웨이브'는 약 5억 원의 목표금액을 달성하고 5억 2,600만 원의 크라우드 펀딩을 받으며 맥주 덕후들을 위한 새로운 맥주를 시장에 출시하고 있다.

이외에도 2000년대 후반부터 2010년대 초반까지 초절정 인기를 누렸던 〈싸이월드〉도 크라우드 펀딩을 통해 재기를 시도했다. 〈싸이월드〉는 〈와디즈〉에서 증권형 크라우드 펀딩을 진행한 바 있다. 비록 목표액에 도달하지 못하였으나, 그 이후에도 다양한 측면에서 투자 유치를 위해 노력하며 재기를 시도하고 있다. 〈싸이월드〉는 비록 크라우드 펀딩을 통한 재기에는 실패하였으나, 재기 수단으로 크라우드 펀딩을 이용함에 따라 화제성 측면에서는 성공적이었다. 이처럼 크라우드 펀딩은 새로운 대안투자의 영역으로 자리잡고 있다.

크라우드 펀딩, 안심해도 괜찮을까

크라우드 펀딩은 앞서 말한 것처럼 대규모 펀딩이 가능하고 사전 마케팅이 가능하다는 장점이 있지만, 많은 사람에게 노출되기 때문에 발명의 핵심 아이디어가 외부로 샐 가능성이 있고 브랜드를 선점당할 수 있다는 위험도 내포되어있다. 즉 크라우드 펀딩을 통해 세상에 뜻을 펼치는 도약대가 될 수도 있지만 동시에 카피의 시작점이 되기도 하는 것이다. 따라서 캠페인을 시작하기 전에 특허와 상표에 관한 철저한 준비를 하여야 한다.

크라우드 펀딩 사이트에서 캠페인을 시작하면 흔히들 '카피당하면 어떻게 하지?' 하며 걱정을 하는데 실제로는 "당신이 내 특허를 침해했소."라는 경고장을 수신하는 경우가 더 많다.

미국과 유럽의 경우 특허권 보호에 관한 제도적 장치가 우리나라보다 월등하기 때문에 특허권자/디자인권자/상표권자들이 〈킥스타터〉나 〈인디고고〉 사이트를 지속적으로 모니터링하는 경우가 상당히 많다. 이러한 지식재산권자들로부터 당신의 캠페인(모금 운동)이 이의 제기 당할 경우 당신은 캠페인을 정지해야 할 수도 있다.

〈킥스타터〉에서 크게 이슈가 되었던 사례로 '스틱박스' 케이스가 있다. 스틱박스는 셀카봉을 내장한 휴대폰 케이스로 셔먼Sherman이라는 프랑스인이 발명한 혁신적인 발명품이다. 폰 케이스 후면에 금속 소재의 자일 시스템을 구성하여 별도로 셀카봉을 들고 다니지 않아도 필요할 때 셀카를 찍을 수 있게 한 것이다.

2015년 12월 스틱박스는 〈킥스타터〉 캠페인을 시작해서 배커들의 뜨거운 반응을 얻었으나 캠페인 시작 1주일 만에 중국 알리바바(알리

[그림19-2] 스틱박스 케이스

너비 : 75mm

깊이 : 17mm

재질 : ABS

재질 : 알루미늄

길이 : 145mm

익스프레스) 복제품이 더 파격적인 가격으로 출시되면서 셔먼은 오히려 사기꾼으로 몰리기 시작했다.

다행히 2015년 5월 19일에 출원한 미국 특허를 통해서 오리지널 발명자가 셔먼임이 밝혀졌으나 캠페인 진행 당시에는 '중국 알리바바에서 물건을 사다가 킥스타터에 올린 사람' 취급을 받았던 것이 사실이다. 셔먼은 〈킥스타터〉 캠페인을 진행하기 전에 '미국 특허'는 출원하였지만 중국 특허는 염두에 두지 않았던 듯하다. 그런 탓에 특허권이 없었던 중국에서 일어난 복제 행위들에 대해서는 아무런 손을 쓸 수가 없었다. 이러한 실수를 하지 않기 위한 체크리스트는 다음과 같다.

1. 특허는 각국마다 등록해야 한다는 사실을 잊지 않도록 한다.

2. 미국과 중국 특허는 반드시 출원해두어야 한다.

3. 선행 발명에 비해서 기술적 특징을 분명히 부각해야 캠페인이 중단 되지 않을 수 있다.

4. 국내외에서 크라우드 펀딩을 시작할 경우 국내 가출원(임시출원)을 할 필요가 있다.

5. 상표는 크라우드 펀딩에서 배송될 모든 국가에 무조건 출원해두어 야 한다.

6. 크라우드 펀딩을 시작하면서 중국 특허를 확보하지 않고 시작하는 것

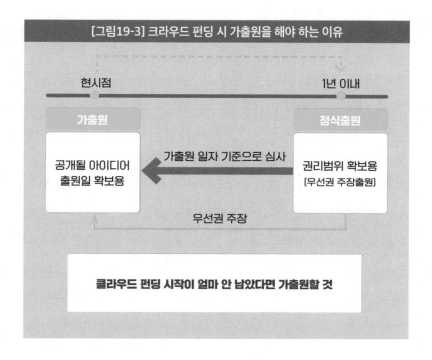

[그림19-3] 크라우드 펀딩 시 가출원을 해야 하는 이유

현시점   1년 이내

가출원   정식출원

공개될 아이디어 출원일 확보용   가출원 일자 기준으로 심사   권리범위 확보용 [우선권 주장출원]

우선권 주장

클라우드 펀딩 시작이 얼마 안 남았다면 가출원할 것

은 매우 위험하다.

7. 중국은 실용신안 출원이 무심사로 진행되며 5개월 안에 유효한 권리를 가질 수 있음을 염두에 두어야 한다.

8. 중국에서의 복제가 발생할 경우 실용신안권을 활용하여 알리바바 Alibaba에서 조치를 취하는 것이 가장 빠르다.

특히 아이디어가 제품화되지 못한 단계라면 출원일을 확보하는 차원에서라도 '가출원'을 하는 것이 바람직하다. 공개(〈킥스타터〉 캠페인 오픈) 이후에 특허 출원을 하는 경우 논문이나 학술대회에서의 발표가 아니기 때문에 '공지예외주장 출원'으로 인정을 해주지 않는 국가들이 있다. 중국, 유럽 등 시장 규모가 큰 국가들이 특히 그러하다. 따라서 아무리 바쁘더라도 크라우드 펀딩을 시작하기 전에 10페이지 미만의 명세서라도 가출원을 해놓는 것이 반드시 필요하다.

좋은 보험에 들어도 운전을 잘해야
목적지에 갈 수 있다

사업을 하는 사람은 외롭고 힘들다. 좋은 팀원도 구해야 하고, 자금도 구해야 하며, 제품과 서비스도 잘 만들어야 하고, 홍보와 유통도 잘해야 한다. 신경 써야 할 일이 한두 가지가 아니지만 일단 사업을 시작하고 나면 여기에 더해 '특허와 상표가 중요하다'는 이야기를 귀가 아프도록 듣게 된다. 물론 기술창업이든 문화창업이든 서비스창업이든 특허권과 상표권에만 의존한다고 돈이 벌리는 것은 아니다.

아무리 좋은 자동차 보험에 들었어도 운전을 잘해야 목적지에 도착할 수 있다. 아무리 좋은 특허권을 보유하고 있더라도 그 특허권이 보호하고 있는 발명을 실현(기술구현)시키지 못하고 시장에 출시하지 못한다면 (혹은 출시는 했다고 하더라도 마케팅과 유통에 실패하여 '그 발명'이 일정 규모 이상의 시장을 형성시키지 못했다면) 결국 경쟁자들로 하여금 '그 발명'을 따라하고 싶은 마음이 들게 하지 못한 것이며, 이는 사업의 종착지인 '성공'에 이르지 못한다는 의미이다.

스마트폰 시장이 개화하기 시작한 2007년 이후부터 멀티미디어와 통신 분야의 눈부신 혁신이 이루어졌다. 이러한 멀티미디어, 통신 분야는 실질적인 기술이 개발되기 전에 연구원들이 머릿속에 있는 이론적인 아이디어를 재빨리 특허 출원하여 해당 특허가 '통신표준'이나 '멀티미디어 표준코덱'으로 인정받는 경우가 많았다. 표준특허에 해당하는 아이디어를 빨리 생각했던 연구자들과 연구기관들은 '제조'라는 과정이 없었는데도 불구하고 라이센싱 수익과 특허매각 수익 또는 특허소송을 통한 손해배상액을 수령하는 경우가 많았으며, 이러한 형태의 '일확천금 스토리'는 많은 발명가들에게 '특허에 대한 환상'을 심어주기도 하였다.

하지만 2022년 현재, 상당히 많은 표준특허들이 존속기간 만료로 소멸하고 있으며, 스마트폰이라는 디바이스가 '보편적인 디바이스'가 되면서 라이센싱 대상이 될 만한 특허들도 권리주장을 자제하고 있는 편이다. 마치 빙하기와 간빙기가 번갈아가며 존재하는 것처럼 2007년부터의 '특허 광풍'이 앞으로 계속될지는 알 수 없다.

물론 스마트폰과 같은 새로운 기반이 급속도로 확산되고 그러한 기반 위에서 이루어질 발명이 많이 있다면 또 한 번의 '특허 광풍'이 몰아칠 수도 있다. 마침 인공지능과 VR, AR, 클라우드 기술, 사물인터넷IoT 기술들이 그러한 가능성에 불을 지피고 있기는 하다. 하지만 모바일 디바이스처럼 종합적인 통신, 멀티미디어, 하드웨어 기술의 결집체이면서 동시에 다양한 소프트웨어적 아이디어를 뿌릴 수 있었던 '하드웨어 플랫폼'은 아니라는 점에서 한 번에 큰 수익을 거둘 수 있는 특허는 이전 시대만큼 많지는 않을 것이다. 이제는 조금 더 실용적이고 사업에 실질적인 도움이 되는 발명에 집중해야 할 시기라고 생각된다.

앞에서도 여러 번 언급했지만 특허의 가치라고 하는 것은 그 특허가 담고 있는 발명이 '얼마나 큰 시장을 창출하였는가?'와 일맥상통한다. 따라서 사업하는 입장에서는 '내가 이 발명을 했어!'라는 상태에 취해있기보다는 '이 발명을 어떻게 실현하지?'를 고민하고 동시에 '실현한 이 제품과 서비스를 어떻게 시장에 알리지?'라고 하는 '구현/마케팅/유통'의 단계에 최선을 다하여야 한다. 그래야 소비자들이 당신의 발명에 대해서 인지하게 되고, 그래야 그 발명과 관련한 시장이 커지고, 시장이 커져야 경쟁자들이 '비스무레한 것'을 만들고 싶어지게 되면서 특허라고 하는 보험의 가치가 높아지는 것이다. 특허는 연구개발에 사용된 돈과 시간이 담기는 그릇이며, 기술창업가들에게는 너무나 소중한 사업보험이다.

상표권은 나의 제품과 서비스를 마케팅하는 데 사용된 돈과 시간이 담기는 그릇이다. 마케팅, 홍보 등을 통해 브랜드를 띄우기 전에 미리 상표권을 확보해두자. 소비자들이 당신의 브랜드와 회사를 신뢰하게 되면 그 재산적 가치가 굉장히 커진다. 디자인권과 저작권 역시 마찬가지다. 창작자의 다양한 활동과 노력이라는 것은 지식재산권이라는 권리에 퇴적되며 오랫동안 돈과 시간을 쏟을수록 그 가치와 파급력이 강해진다.

실행만이 답이다. 사업은 성공이라는 목적지를 향해 외로운 길을 걷는 것이다. 물론 특허/상표/디자인/저작권 제도가 사업의 성공을 담보해줄 수는 없지만, 일단 사업을 시작하려는 사람들에게는 심적으로 든든한 기분이 들게 한다.

선진국일수록 작은 기업과 창업가들의 특허권, 상표권을 존중해준다. 그리고 이러한 창업가들이 큰 기업을 이룰 수 있도록 기회를 제공하는 제도적 사다리가 바로 지식재산권 제도이다. 특히 미국은 발명가의 권리를 헌법에서뿐만 아니라 실제로도 강력하게 보호해주고 있기 때문에 상당한 국력을 유지하고 있다. 창업가들이 만든 소중한 아이디어, 브랜드, 디자인, 저작물을 특허권, 상표권, 디자인권, 저작권이라는 법적·사회적 제도가 잘 지켜주기만 한다면, 앞으로 우리나라의 경제 발전은 걱정할 필요가 없을 것이다.